Michel Théron

Humour

et

Sourire

Un chemin de vie

© Michel Théron, 2023
Édition : BoD - Books on Demand, info@bod.fr
Impression : BoD - Books on Demand, In de Tarpen 42,
Norderstedt (Allemagne)
Impression à la demande

ISBN : 978-2-3224-8163-7

Dépôt légal : juin 2023

AVERTISSEMENT

Ce livre ne se contente pas d'exposer quelques caractéristiques de l'humour. Il s'applique à montrer ce que l'humour peut combattre, par exemple un sentiment de déception devant une vie hétérogène et mêlée alors qu'on la voudrait toujours également pleine et satisfaisante.

Les pages qui suivent racontent un itinéraire personnel, un chemin de vie, où le sourire de l'humour apparaît comme un remède, un moyen de conjurer l'essentielle imperfection de l'existence.

Ces pages sont inspirées d'une conférence que j'ai donnée à la Maison du Temps Libre de Palavas-les-Flots, dans l'Hérault, le 20 avril 2023.

LES MOMENTS PARFAITS

Aussi loin que je remonte dans mon enfance, j'ai toujours voulu connaître des moments parfaits. Je ne sais si tous les enfants ont eu le même désir que moi, ou si c'est propre à mon tempérament que je crois plus sensible que certains autres : c'est un fait que les choses m'atteignent plus profondément me semble-t-il qu'elles ne le font pour la moyenne des gens.

Je me souviens alors de beaucoup de retranchements en solitude que j'ai opérés, à l'écart de mes parents, pour réfléchir à ces moments, les organiser pour l'avenir. Je me disais sûrement ou au moins sentais que la vie devait être homogène dans la satisfaction qu'elle donne, et que les déceptions qu'elle nous procure étaient comme une sorte de moins-être en regard de ce qu'on en attend. Bref je voulais que la vie fût pleinement elle-même : que la vie fût vie.

Certains moments vécus en elle me faisaient bien miroiter et pressentir ce qu'elle pouvait être. Alors pourquoi ne pas vouloir qu'elle fût telle tout le temps ? La vraie vie miroite bien dans le langage même, tel que celui que je viens d'employer : « Que la vie fût vie » oppose deux états de la vie, un état déchu, et un état idéal. Je ne connaissais pas, enfant, le nom de cette figure, l'antanaclase, mais j'étais bien sensible à son esprit. Et du simple miroitement (*antanaklasis*) je ne pouvais me satisfaire. Je voulais conjurer la déchéance affectant la vie ordinaire, dans laquelle je souffrais d'être plongé.

Au lycée, j'ai appris l'existence de Platon, et là je me trouvai en total pays familier. J'avais toujours senti que ce que nous voyons d'habitude n'était en quelque sorte qu'irréel, fantomatique, et que derrière tout cela existaient, fidèles, des modèles seuls porteurs de vérité, soit pour Platon les Idées. Simplement, si je me souviens, la vision d'un monde déchu, en exil loin de l'essentiel, m'amenait alors plutôt au désir de le restaurer dans sa pureté initiale qu'à un désespoir causé par sa dégradation, et encore moins à une disposition mentale, comme celle de l'humour, propre à le relativiser.

Enfin, adulte, j'ai étudié la gnose, qui est une platonisation du christianisme. Et bien sûr je me suis trouvé là, encore une fois, en parfait territoire familier. J'ai accueilli avec plaisir, pour m'y reconnaître, l'idée d'un monde en morceaux, reflet d'une Totalité brisée, méconnaissable dans son apparence actuelle, comme les reflets grimaçants d'un arbre sur l'eau n'en donnent plus qu'une image brouillée. Dans ce monde déchu on se sent en exil loin du monde essentiel. Et récemment j'ai illustré cette situation et ce sentiment dans mes derniers livres *Exil* et *Instants de lumière*.[A][1]

J'ajoute à toutes ces influences celle de la métaphysique indienne, que je crois aujourd'hui tout à fait en concordance avec la philosophie de Platon : qu'est-ce que la *maya*, le voile que les dieux agitent devant nos yeux pour nous berner, sinon

---

[A] Les notes se trouvent à la fin du livre.

le voile du monde phénoménal qui dissimule les Idées selon Platon ?

*

Je pense que le sentiment d'être en exil ne m'a jamais quitté. Comme tous les enfants venant d'un milieu catholique, j'ai été élevé dans *in hymnis et canticis* – dans les hymnes et les cantiques. Je me souviens du *Salve Regina* que j'entendais à l'église où on m'amenait le dimanche. La mélodie en est encore présente à mes oreilles, et je pense qu'elle ne me quittera jamais. Mais il m'a fallu devenir adulte pour en bien saisir les paroles, les voix qu'elle transmettait. Elles s'adressaient à la Vierge, qu'elles invoquaient comme *fils exilés d'Ève*, gémissants et pleurants dans cette vallée de larmes. Fils d'Ève à mon tour, j'étais en exil. Et c'est ainsi que je voyais la vie, et que je la vois encore bien souvent. Plus tard j'ai appris la devise prise par Victor Hugo, inscrite au-dessus de la porte de la salle à manger de Hauteville House, dans son exil à Guernesey : *Vita exilium est* – la Vie est un exil.

De toujours m'a accompagné l'impression d'être d'ailleurs, *allogène* comme disaient les anciens gnostiques. Quand à mon adolescence j'ai lu Rimbaud, je m'y suis encore reconnu : Nous ne sommes pas au monde. La vie est ailleurs... Une chaîne fraternelle s'est ainsi nouée au fil de mes lectures. Il est bon de faire ces découvertes progressives d'alliés substantiels : on se sent moins seul au monde.

Ce sentiment mélancolique n'était pas triste à ressentir, car il faisait la substance même de mon être, et je n'aurais pas supporté de ne plus l'éprouver. Simplement il me semblait plus sérieux et plus profond que la joie superficielle que je voyais ou supposais autour de moi, à commencer par celle de mon frère ou de mes cousins.

Il n'est pas étonnant que parmi toutes les musiques que j'ai aimées, et que j'aime encore, il y a celles qui parlent le plus à une âme en peine, comme la saudade, le fado, le tango, les mélopées corses, etc. De ces mélodies tristes il suffit de quelques notes pour me chavirer, tandis que je peux rester complètement froid à l'audition d'une imposante symphonie. Alors, sitôt ces quelques notes entendues, le voile de Maya se déchire, le monde qu'on dit réel se réduit à néant.

Très tôt aussi, il me semble, j'ai été fasciné par la beauté de certains visages. La sidération qu'ils provoquaient me clouait sur place. À l'époque je ne pouvais éclaircir leur pouvoir, mais je comprends maintenant pourquoi je ferme encore les yeux pour m'en protéger, ou bien je m'empresse de les fuir. C'est qu'ils m'arrachent trop à ma médiocrité, et me font miroiter un niveau d'existence auquel je ne peux prétendre. C'est comme l'effleurement d'une grande aile, qui indique un Essentiel qu'elle interdit en même temps. Un Ange passe, pour le bonheur à la fois et le malheur des hommes...

*

Mais peu importent au fond toutes ces remarques, propres au professeur que je suis devenu et dont je ne pourrai sans doute jamais me défaire, pour le pire et le meilleur. Elles ne font pour moi qu'accréditer une intuition profonde qui a accompagné toute ma vie, de mon enfance à mon état présent : le monde qu'on voit d'habitude est déchu, imparfait et un autre monde est possible au pur avènement duquel j'ai voulu depuis toujours contribuer. Sans doute, comme dit Platon, en gardons-nous le souvenir (*anamnèsis*), et le connaître n'est-il que le reconnaître.

Je me revois à cet égard, seul battant la campagne, et méditant sur ce que pourrait être ma vie future. J'imaginais des scénarios, je voulais tout mettre en scène, j'avais toute licence dans mes rêves d'agencer les choses selon mon désir. Tout ne serait que nécessaire, et rien ne serait voué à la contingence. L'imperfection disparaîtrait avec la maîtrise que je mettrais à tout organiser.

Bien sûr, rentré à la maison et au milieu de mes parents, je constatais qu'ils étaient loin de correspondre à leur définition archétypale : le père que je voyais n'était pas le Père, pas plus que la mère, Mère. Je devais résilier la vision de la Famille idéale, et me contenter de celle que j'avais.

J'aimais aussi beaucoup la lecture, et là je retrouvais le monde tel que je voulais le construire. Les histoires que je lisais, par la nécessité inhérente au monde des mots, échappaient à toute imperfection. Du début à la fin elles se déroulaient dans une atmosphère pure, exempte de scories et de doutes, destinale. Je ne voyais pas d'autre monde que celui dans lequel le héros évoluait, et qui contrastait avec le mien, voué à l'ambiguïté et à l'hésitation. Dans ce monde, tout était parfait, ni le sordide ni l'insignifiant n'avaient leur place.

Puis j'ai découvert le cinéma. Et là aussi j'ai adhéré à un univers magique, débarrassé de tout ce qui peut rendre mêlé, contingent, impur. Le héros et sa belle voulaient-ils s'unir ? Aussitôt après le baiser en gros plan, l'image dans un magnifique fondu montrait un beau feu dans la cheminée. J'aimais ce passage, cette transition abrégeante, qui gommait toute l'impureté potentielle du réel. Bien plus tard j'ai compris que le cinéma, comme la littérature, est un système d'ellipses, qui rend la vie séduisante simplement par de systématiques et gigantesques suppressions. À ce prix sont de vrais moments parfaits.

Mais aussi au fil du temps j'ai expérimenté, à mon cœur défendant, que les moments parfaits n'existent pas dans la vie réelle. Dans la réalité le baiser de cinéma, et sa magie due au maquillage des acteurs et au talent de l'éclairagiste, on ne les voit ni ne les vit. On s'avance, hésitant, vers le partenaire, on rougit sans pouvoir dérougir, on transpire, on a les mains moites, etc., et dans le monde réel il n'y a pas de fondu pour poétiser la séquence.

Quand je lisais un texte, j'admirais aussi ce monde où les mots désignaient chaque chose de façon pure et sans mélange. C'était un tissu étroitement serré (*textus*), qui ne s'effilochait pas, à la différence de la vie ordinaire, où tout se désagrège. Était-il question d'amour, ou de haine ? Les mots aussitôt prenaient une valeur définitionnelle, archétypale. Ils appartenaient au monde des Idées, non à celui où nous vivons. Dans ce dernier, ni amour ni haine n'existent : simplement des états flous, indistincts, ambigus. Il y a là comme disent les philosophes une chute ontologique, un enlisement dans la contingence, alors que le monde des mots, comme celui de toutes les œuvres de l'art, est celui de la nécessité. Il n'y a qu'eux pour évoluer dans une atmosphère de destin.

... Maintenant, quand je repense à mon enfance, je la trouve admirablement décrite dans deux beaux vers baudelairiens :

> Ma jeunesse ne fut qu'un ténébreux orage,
> Traversé çà et là par de brillants soleils...

LES CHUTES D'ICARE

En somme, je voulais que la vie soit poétique, envolée sur les ailes du rêve, et que tous les jours soient dimanche. La littérature m'en montrait des exemples, de Don Quichotte à Madame Bovary, et depuis bien longtemps je n'ai pas compris ceux qui voyaient du ridicule dans ces désirs et ces souhaits. Bien plutôt ces personnages me touchaient comme des victimes tragiques de la prose de l'existence. Et même s'ils poursuivent un but absurde, en regard de leurs opposés enlisés dans la banalité matérialiste (le valet Sancho Pança, le pharmacien Homais), je ne peux m'empêcher de penser, même aujourd'hui, que ce qui n'a pas de sens peut avoir un sens supérieur à ce qui en a.

En somme, je cherchais constamment à m'approcher le plus possible du soleil, comme fit, dit-on, Icare. Mais on sait le sort qui lui fut réservé : les attaches de cire de ses ailes fondirent, et il fut précipité dans la mer, où il se noya.

Je me demande quel peut être le destin, aujourd'hui, d'Icare. Peut-être sa chute ne serait-elle pas son anéantissement, mais, chose beaucoup plus grave, son naufrage dans ce que précisément il combattait, ce dont il ne voulait pas : la prose de la vie. Refusait-il la banalité ? Il pourrait précisément y être conduit par l'échec même de son rêve, et finalement se complaire dans une capitulation, dans l'abandon de sa revendication, par désespoir de n'avoir pas pu la réaliser. Il y a plusieurs façons de résilier une exigence. D'abord on l'oublie, et puis on finit par oublier qu'on l'a oubliée. Et c'est ainsi qu'on assassine son âme.

Que de fois a-t-on vu l'échec d'une entreprise aboutir au triomphe de ce contre quoi elle s'était levée ! Je me souviens que Jung a bien analysé ce retour ou ce basculement à l'opposé, qu'il a appelé *énantiodromie*, selon lequel tout extrême psychologique porte en lui son contraire, et la possibilité de la victoire de ce dernier. Cela n'est pas nouveau d'ailleurs : comme on l'a dit l'homme n'est ni ange ni bête, et le malheur veut que qui veut faire l'ange fait la bête.

Peut-être, mutatis mutandis, n'est-on pas loin ici de ce qu'on appelle en psychiatrie les troubles bipolaires, et l'on sait assez combien est douloureuse pour ceux qui en sont atteints la retombée dans la banalité du quotidien, après une phase maniaque, ou de grande exaltation.

Je ne crois pas, quant à moi, avoir eu durablement cette attitude cyclothymique, avoir jamais sombré dans une banalisation d'où tout rêve d'idéal serait exclu. Pourtant dans mes périodes de découragement il m'est arrivé de donner des gages à l'abdication de l'âme, et de vouloir à mon tour, comme dit le poète, partager la litière où le bétail heureux des hommes est couché. C'est alors exister sans vivre, refuser d'être celui qu'on doit être, oublier que nous ne sommes pas qui nous sommes, et ne pas vouloir devenir ce qu'on est. Et s'efforcer tant bien que mal d'étouffer au fond de soi une petite voix qui à tel ou tel instant peut nous le rappeler.

Pour se faire une idée ponctuelle de cet état, j'imagine aujourd'hui le téléspectateur scotché à son écran, la bave aux lèvres, ne pouvant se dégager de ce qui l'avilit. Il y a des plaisirs qu'on prend et dont on n'est pas fier :

> Chaque jour vers l'Enfer nous descendons d'un pas,
> Aux objets répugnants nous trouvons des appâts...

Baudelaire a raison ici dans son adresse au Lecteur des *Fleurs du mal*. Il y a dans ces moments d'abdication une sorte de suicide spirituel. Ambitions résignées, rêves abandonnés : dans la vie on meurt par défaut, tout autant que par excès. Cela vient sans doute d'une absence de mesure, qu'il importe de bien examiner, par exemple à la lumière de l'humour...

En moi il y a donc depuis toujours un Icare qui se plaint : on ne peut pas embrasser les nues. On ne peut pas rencontrer Dulcinée, elle n'existe pas. On ne peut pas de même rencontrer l'amour éternel, comme l'a rêvé Emma. Tristan et Yseut l'ont fait, mais ils ont bu un philtre. Et dans la vie il n'y a pas de philtre.

La leçon de tout cela ? Ceux qui triomphent à la fin des deux romans que j'ai cités sont le serviteur prosaïque, et le pharmacien qui ne vaut pas mieux. Et meurent héros et héroïne de l'idéal. Doit-on rester sur cette ironie, désespérante au fond pour les êtres qui ont voulu s'élever ?

On le peut bien sûr, et beaucoup s'en satisfont sans doute. Mais ce n'est pas mon cas. Aussi bien me mets-je maintenant (enfin ?) sur la piste de l'humour salvateur...

LA TSF DE LA VIE

La vie est une TSF. À certains moments elle nous délivre une musique sublime, comme celle de Bach ou de Mozart, et au contraire à d'autres, si la réception est insuffisante ou bien le poste défectueux, elle crache parasites et interférences. Alors Bach et Mozart sont violés par une affreuse friture.

On peut toujours éteindre l'appareil de radio. Mais on ne peut interrompre le cours de la vie. Là on ne peut zapper. Il faut tout prendre, et le sublime et ce qui le nie : les effroyables parasites.

Je vois aussi la vie comme un volume où du Shakespeare serait interfolié avec du Feydeau. La grandeur y côtoie le ridicule, et de ce livre là aussi on ne peut mettre en ordre le contenu, pour lui donner une homogénéité.

À certains moments, on admire et se donne. À d'autres, on recule et se reprend. Telle est la loi générale, l'alternance des opposés. La fleur de lotus pousse sur de la boue, et elle en est inséparable. Tout est mêlé, intriqué. C'est comme un cycle qui se répète toujours. La fleur vient du fumier, le fumier vient de la fleur. Et sous nos yeux la vie oscille constamment entre l'admiration et le mépris. Elle est faite de *Oh !* et de *Bah !*

Donc mes moments parfaits, ils existent bien, mais ils ne sont pas les seuls. Ils voisinent avec des moments imparfaits. L'apprendre est la leçon de l'expérience. Alors je vois là le début d'une réponse à la question fondamentale que je me pose en écrivant ce livre : comment survivre, surnager dans une vie si disparate, si mêlée ?

Apprenons donc à prendre au sérieux ce qui en vaut la peine, et à considérer le reste avec distance, et à en rire, ou si on ne le peut pas, et mieux encore, à en sourire. De toute façon nous ne pouvons pas organiser la vie selon nos désirs : son cours général nous échappe, quoi que nous fassions.

Ce que je crois tout de même essentiel, c'est qu'il ne faut pas nier l'élan qui nous porte vers les moments parfaits que j'ai évoqués : ils sont exaltants, ils existent au moins, même s'ils ne sont pas le tout des choses, et il serait absurde de les récuser. Sont-ils éphémères ? Soit ! Mais ce n'est pas parce que nous ne pouvons connaître le tout de rien que nous sommes condamnés à ne connaître rien du tout.

Goûtons ces moments quand ils se présentent : c'est le sel, la pure musique de la vie, à côté de laquelle il ne faut pas passer. L'Évangile chrétien dit bien que si le sel perd sa saveur on ne sait comment la lui redonner. Il faut donc avoir du sel, ou de la musique au fond de soi pour faire danser la vie, car que peut-il arriver qui ne naisse pas de nous-mêmes ?

Aspirons donc à autre chose que l'ordinaire, et si nous goûtons des moments où cela semble réalisé, goûtons-les. Mais si nous ne voulons voir et connaître que des beaux moments dans nos vies, quelque chose se cassera en nous : nous serons comme Icare sombrant dans les flots.

Finalement, j'inscris dans ma mémoire cet aphorisme bouddhique, que je crois, tel un mantra, devoir être quotidiennement médité :

SI LA CORDE EST TROP TENDUE, ELLE CASSE.
SI ELLE N'EST PAS ASSEZ TENDUE,
ELLE NE DONNE AUCUN SON.

Autrement dit, si nous nous exaltons outre mesure, nous chuterons à la fin et nous noierons. Et si nous nous banalisons, par exemple par réaction dépitée à l'échec susdit, notre vie ne connaîtra aucun sel, aucune musique. L'aphorisme montre les deux dangers symétriques qui guettent respectivement l'exaltation et la banalisation. Ce sont sans doute les deux dangers majeurs de tout psychisme.

Pour éclairer notre vie on pourrait penser à celle qu'on prête à Bouddha lui-même. Au début, il a voulu suivre la voie des ascètes, des Renonçants aux tentations du monde. Mais ensuite il a vu que persévérer dans cette attitude d'évasion loin de la vie ordinaire est asséchante et néfaste, amène la corde à casser, comme il se voit quand il y a trop d'exaltation. Pourtant il ne s'est quand même pas banalisé et complu dans la vie commune, où la corde ne donne pas de son. Il a donc choisi une autre voie, la voie médiane, à partir de quoi il a entamé la prédication et l'enseignement que l'on connaît.

Il en est même venu à considérer l'éveil et la délivrance, le *nirvana*, comme indissolublement liés aux vicissitudes et aux aléas divers que nous avons dans le monde, le *samsara*. Ce dernier est l'équivalent de la tribulation (*thlipsis*) au sein du monde dans l'évangile de Jean.

Bouddha a choisi une position de totalisation, refusant dans tout choix de vie d'exclure la vie ordinaire : là où nous mettons *ou*, ne devrions-nous pas mettre *et* ? Il y a une grande sagesse dans ce qu'on appelle la *coïncidentia oppositorum* – l'union des opposés.

Au fond, il faudrait non pas refuser la vie banale et la fuir, mais la traverser comme si on appartenait à une autre, être dans la vie comme si on n'en était pas, faire *comme si* – *Als ob*, comme disent les Allemands. Cette position de prise de distance est le socle commun de beaucoup de spiritualités, de la *Bhâgavat Gita* indienne au *wuwei* taoïste ou, dans le zen, la disposition *mushotoku*. Dans toute action, dans tout choix à faire dans la vie il importe de ne pas s'absorber entièrement, il faut abandonner l'ambition d'en maîtriser les conséquences. J'imagine ici que cette posture de distance doit s'accompagner d'un sourire, celui-là même de l'humour – car qu'est-il d'autre lui-même, sinon une prise de distance ?

Le sourire de Bouddha ici peut nous guider. Je l'ai choisi pour illustrer la couverture de ce livre, et je me plais à y voir celui de l'humour accompli.

Rires

Apprenons, ai-je dit, à prendre au sérieux dans la vie ce qui en vaut la peine, et à rire ou, encore mieux, à sourire du reste. La différence que je fais ici entre les deux verbes est importante. Dire que l'humour fait rire en effet n'est pas dire grand chose. Car il y a plusieurs façons de rire, et aussi plusieurs significations du rire, qu'on ne distingue pas toujours. Moi-même, étant enfant, je confondais le rire avec tous ses aspects et toutes les occasions où il se manifeste. Ce n'est que plus tard que j'ai vu les différences qu'on peut y discerner.

Il y a un rire qui dévalorise, déprécie son objet, qui s'en retranche et s'en distancie, objet avec lequel il ne veut rien avoir en commun, et par rapport auquel il se sent supérieur. C'est le rire de l'*ironie*. Là l'objet perd toute existence propre, il est réduit à n'être qu'un pantin, une marionnette. À ce rire-là convient la définition de Bergson : « Du mécanique plaqué sur du vivant. »

Si un jour de gel je me poste à ma fenêtre et vois dans la rue une personne glisser sur une plaque de glace et s'étaler tout du long sur la chaussée, et si le rire me vient à cette occasion, c'est que je retire à cette personne tout caractère d'humanité : je ne vois qu'un mouvement quasi abstrait, comme dans un dessin animé. Maintenant, si je m'approche et si je vois que l'accidenté est blessé, le rire en moi s'éteint et l'empathie s'installe (au moins puis-je l'espérer !).

Je peux en dire autant de la comédie qui stigmatise les gens au nom des ridicules qu'ils sont censés présenter. Les commentaires qu'on en fait ordinairement en acceptent le point de vue comme seul pertinent. J'ai souvent posé à mes étudiants la question de leur opportunité, de leur valeur. Naturellement ils n'en voyaient pas d'autre, si esclave des manuels souvent est la jeunesse, et si prompte à se plier au consensus ! Mais maintenant je vois bien que ce type de comédie, qui se situe au-dessus de ce qu'elle critique, non seulement manque de charité et de bienveillance, mais aussi de profondeur.

Parfois critiquer un soi-disant ridicule montre simplement l'incapacité où l'on est de le comprendre, d'entrer dans sa façon de voir. Je pense à Rousseau qui en voulait à Molière d'avoir fait rire aux dépens du Misanthrope : et c'est un fait que en changeant le point de vue et en entrant dans sa logique, on peut voir Alceste comme un honnête homme disant toujours la vérité et entouré de coquins.

*

Je pense qu'il est nécessaire de mûrir tout au long de la vie, et que ce faisant, au fil des années, on n'a pas toujours de l'existence la même vision. Enfant, je ne connaissais, autant que je m'en souvienne, que le rire ironique, dévalorisant, fait de sarcasmes et de railleries, celui par exemple dont mes camarades pouvaient être victimes. Pour ce qui était de moi, il me semble que j'étais tout à fait sérieux. Apparemment je ne connaissais pas le vrai humour, moins vindicatif car capable de rire aussi aux dépens de soi-même. Mais peut-être tout enfant par nature est-il dans la situation où j'étais moi-même : ne pensant qu'à lui, égocentré, incapable d'entrer dans les raisons des autres.

Le rire de l'humour est tout autre que le rire ironique. Il ne dévalorise pas son objet, et s'il lui arrive de s'en moquer, c'est sans agressivité, et je dirai avec bienveillance et empathie. En somme, lorsqu'on se moque de quelque chose que l'on n'aime pas, on fait de l'ironie. Et quand on se moque de quelque chose que l'on aime, on fait de l'humour.

Dans ce dernier cas, si on peut rire certes des autres (gentiment, en respectant leur humanité, dont on participe soi-même), l'essentiel est l'attitude que l'on a vis-à-vis de sa propre vie. L'autodérision souriante par exemple suppose une prise de distance vis-à-vis de soi et une objectivation des situations impensables dans le cas de l'ironie.

Encore une fois je ne suis pas sûr que l'enfant, très sérieux en lui-même, en soit capable. Peut-il vraiment se dédoubler, se voir à distance et de l'extérieur, par les yeux d'un autre, comme l'adulte ? Ce dernier par exemple peut bien dans des situations émotionnelles fortes parler de lui à la seconde personne (« Vraiment, tu es bien malin ! »), ou à la troisième (« Vraiment il est bien malin, celui-là ! »), pour se moquer de lui-même.

Ces changements, j'ai appris et enseigné ensuite qu'on les appelle des énallages pronominales. Ce sont des modifications de distance mentale, supposant une réflexion que l'enfant, tout occupé à mordre dans la vie avec sa voracité et son égocentrisme habituels, ne me semble pas pouvoir manifester.

Tout petit il est vrai il peut parler de lui à la troisième personne (« Il a fait cela, Toto... »). Mais il ne fait par là que répéter ce que lui disent ses parents. Il n'a pas encore le sentiment de son individualité. Le principe d'individuation, pour reprendre le concept de Jung, ne s'est pas encore opéré.

L'adolescent (peut-être) et l'adulte en tout cas peuvent à mon sens seuls mettre en question ce qu'ils pensent, par une opération qu'on nomme de *métacognition*. Elle permet de traquer les biais cognitifs, ou erreurs de raisonnement. Elle est homologue à celle du langage quand il se questionne lui-même en vertu de sa fonction dite *métalinguistique*. Ce sont là des fonctions secondes (et non pas secondaires) par rapport à l'exercice spontané de la pensée et du langage.

Une opération de mise à distance, d'objectivation d'une situation via une pensée réflexive, est essentielle pour comprendre la genèse et l'expression de l'humour. Elle suppose, à mon avis d'avoir beaucoup vécu, comme le fait d'avoir dans une discussion ou une situation conflictuelle la capacité de pouvoir entrer dans les raisons de l'autre, de ne pas s'arc-bouter sur ses propres perceptions qui ne sont qu'un fragment de la situation. Il faut essayer de s'élever à la vision d'ensemble, comme celle du dialecticien qui selon Platon embrasse les choses de façon synoptique (*synoptikos ho dialectikos*). Ou bien, comme disait Kafka, dans le combat entre soi et le monde, il faut seconder le monde. Cette attitude n'est pas spontanée, mais s'apprend. Je dirai donc ici que l'humour, qui se range du côté du monde et fait entendre sa voix, est comme le Roman pour Lukacs, une forme de virilité mûrie.[2]

*

Mais la distinction capitale entre ironie et humour est rarement faite aujourd'hui, et les amuseurs publics qu'on appelle humoristes et qui inondent nos médias ne sont en réalité que des ironistes. Ils n'ont de cesse que d'attaquer les autres, sans se mettre en question eux-mêmes. De même, les recueils de *blagues* qui circulent çà et là font rire je dirai sans fond véritablement humain, et n'ont pas la profondeur de l'humour, où sont en question l'humain et la façon mature de se comporter dans la vie. Voyez quand elles s'en prennent pour les dévaloriser aux étrangers ou aux groupes, par exemple les Belges, les Suisses, ou les homosexuels, etc. C'est nettement une attitude excluante et fasciste, s'alimentant à la xénophobie.

Bien sûr il peut arriver que de grands ironistes fassent de l'humour, à l'occasion. Molière, Voltaire sont dans ce cas. Mais tout de même je crois que la comédie basée sur l'ironie et critiquant les ridicules doit bien être distinguée de la comédie s'ouvrant à l'humour, qui pour moi vient *après* la première, comme s'il fallait avoir plus de vécu, plus de substance humaine en soi pour y accéder.

C'est le cas aussi dans toute existence, qui commence par attaquer les autres et se défendre soi-même contre eux pour trouver sa propre place dans le monde, et finit ou devrait finir par une grande réconciliation, un grand Oui donné à la vie et à tout ce qu'elle comporte. Et cela implique une certaine disparition du petit moi ramenant tout à soi, du *Tout à l'égo !*, au bénéfice d'une vision élargie. Le nageur se fond alors dans la vague qui le porte.

On voit maintenant la place que peut prendre l'humour dans le développement personnel : elle est décisive. Si dans la vie on s'en tient à l'ironie et à la posture qu'elle suppose, on risque de se fossiliser par manque d'empathie, de s'infatuer et de se rigidifier en se voulant toujours au-dessus des autres, de s'aigrir. Tandis que l'humour dans son essence est bienveillant, vraiment attentif aux peines humaines et les comprenant, au double sens de ce dernier mot, les incluant et les saisissant par l'intelligence.

Et même l'humour grinçant ou l'humour noir supposent, on le verra, une interrogation humaine sur l'existence, et son orientation, si on le scrute bien, ne se pose pas comme supérieure à ce dont il traite, mais peut être pleine d'humanité et d'empathie.

... Pourtant dans certains cas ironie et humour peuvent être mêlés, et c'est compréhensible, car un même être peut se moquer à la fois et des autres par rapport auxquels il se sent supérieur ou au moins différent, et de lui-même par autodérision. Aussi la perception de l'ironie et de l'humour peut-elle être très différente selon les personnes. Un même langage pourra paraître ironique à un tel, humoristique à tel autre, et même stupide à un troisième. On en verra des exemples.

*

Peut-être pourrait-on réserver à l'humour le *sourire* (bienveillant), plutôt que le rire, car il existe un rire véritablement de désespoir, un rire tragique qui est fait de révolte, de défi porté aux dieux, au ciel, ou simplement à la doxa et au catéchisme humaniste en vigueur. Je pense à ce que dit Oreste dans *Andromaque* de Racine :

> De quelque part ici que je tourne les yeux,
> Je ne vois que malheurs qui condamnent les dieux.
> Méritons leur courroux, justifions leur haine,
> Et que le fruit du crime en précède la peine !

C'est la situation d'un être diaboliquement clivé à l'intérieur de lui-même, qui se sent comme une dissonance dans la consonance générale. C'est le cas chez Baudelaire :

> Je suis la plaie et le couteau,
> Je suis les membres et la roue,
> Je suis le soufflet et la joue,
> Et la victime et le bourreau.
>
> Je suis de mon cœur le vampire,
> Un de ces grands abandonnés
> Au rire éternel condamnés,
> Et qui ne peuvent plus sourire.

Ou encore, du même :

> Ne suis-je pas le faux accord
> Dans la divine symphonie,
> Grâce à la vorace ironie
> Qui me secoue et qui me mord ?

Ce sont là des formes majeures d'ironie, mais retournée contre elle-même : elles indiquent un être dédoublé, pouvant se voir de l'extérieur, mais non pas pour se corriger ou se venir en aide, plutôt en proie à un tragique désespoir. Telle Phèdre chez Racine :

> Délivre l'univers d'un monstre qui t'irrite
> La veuve de Thésée ose aimer Hippolyte !

Rire sans tendresse, atmosphère sans vapeur d'eau. L'humour au contraire connaît le lait de la tendresse humaine, au moins en arrière-plan, et s'y abreuve.

Aussi ce qu'on appelle le rire nerveux, ou bien le rire hystérique, peut participer d'un même climat de rébellion irrépressible. En tout cas cette compulsion incontrôlable est un signe de malaise, de déséquilibre, fort différent de ce qu'on imagine être la bonne santé psychique, à quoi le sourire de l'humour quant à lui peut contribuer.

Je viens d'évoquer le cas tragique d'êtres partagés, scindés, souffrants. Il me semble que l'enfant, à l'exception de cas pathologiques graves, est naturellement unifié dans sa pensée, sa sensibilité et son comportement. Ce n'est qu'après, à l'âge adulte, au contact des déceptions et des blessures subies, qu'il se divise en plusieurs parties qui luttent entre elles à l'intérieur de lui. Pour son malheur il connaît la Division.

Tout est une question de maturité. On peut distinguer ici la *souffrance* et la *douleur*. Face à un petit enfant qui souffre simplement, un aîné éprouvera de la douleur, c'est-à-dire qu'il s'interrogera sur le pourquoi de cette souffrance, ce que ne fait pas encore le plus petit. Ils ne sont pas tous deux au même moment d'évolution, qui pourra permettre à l'un d'objectiver la situation, et à l'autre non.

L'ambition de tout homme dans sa vie est sans nul doute d'être unifié, et non pas clivé ou séparé de lui-même. Or dans les situations extrêmes, paroxystiques, manifestées par le rire dissonant, l'être humain se révèle scindé, étranger à lui-même. Se voyant de l'extérieur, il peut prendre le ciel à témoin de ce qui lui arrive. Aussi peut-on appeler *diaboliques* ces situations : le Diable en effet, comme son nom l'indique en grec, est le Grand Diviseur.

Je pense au rire d'Emma agonisante à la fin de *Madame Bovary*, quand elle entend sous sa fenêtre la chanson du mendiant aveugle mettant à bas l'idéal dont elle a rêvé :

> Souvent la chaleur d'un beau jour
> Fait rêver fillette à l'amour...

Ou encore au rire de Gervaise dans *L'Assommoir*, quand dans sa déchéance elle voit son ombre d'estropiée faisant la culbute à chaque pas sur le trottoir parisien.

Ce type de rire tragique, qui signifie un total reniement de ce à quoi on a cru, un dédoublement aussi de la personnalité, m'a toujours frappé, au point que j'y peux voir résumée toute l'anthropologie du roman naturaliste, où je voyais le miroir et la définitive leçon de l'existence dans mon adolescence, et auquel j'ai consacré ensuite une thèse universitaire.[3]

Je ne suis plus maintenant aussi pessimiste sur la vie, aussi *schopenhauerien* qu'à l'époque de ma jeunesse. Maintenant je vois que beaucoup de chefs-d'œuvres naturalistes ignorent le sourire de l'humour. Et si à les suivre je pensais autrefois que dans la vie seul le pire arrive, je pense maintenant que le pire n'y est pas toujours sûr. – Mais les scènes de rire désespéré que je viens d'évoquer résonnent encore au fond de moi, et je crois que toute existence, à un moment ou à un autre, peut les connaître encore. Et il ne faudrait pas me pousser beaucoup pour que je retrouve ce rire, en filigrane, dans le Cri du Golgotha du Crucifié : *Eloï Lama sabachtani* – Mon Dieu, pourquoi m'as-tu abandonné ?

Si le rire désespéré est une réaction émotionnelle immédiate, le rire de l'humour prend de la hauteur, relativise l'ensemble de la situation, la comprend (l'englobe et l'interprète à la fois). Il y a quelque chose en lui d'intellectuel. En fait et de ce point de vue, on pourrait dire que la vie est une tragédie pour celui qui sent et une comédie pour celui qui pense.

En somme, s'il y a évidemment des rires de désespoir, le seul rire lui-même ne suffit pas formellement à définir l'humour, pas plus d'ailleurs que les pleurs ne suffisent à définir la peine : ne serait-ce que parce qu'il y a des pleurs de joie...

*

Classiquement et vu de l'extérieur, l'humour apparaît comme une façon élégante de se sortir d'une situation sans pour autant se tirer d'affaire. Il n'implique pas l'aveuglement. Pirouette désinvolte, bouée de sauvetage ou kit de survie, il est aussi comme les essuie-glaces d'une voiture : ils permettent de mieux y voir et d'avancer, mais ils n'empêchent pas la pluie de tomber. On l'a qualifié de politesse du désespoir. On a souvent souligné les larmes qu'il peut cacher. Je m'empresse, a dit tel auteur, de rire de tout de peur d'être obligé d'en pleurer. Et son rire est trempé de pleurs qu'on ne voit pas, a dit tel autre. Il n'est pas dit d'ailleurs que les humoristes soient toujours gais dans la vie. C'est souvent le contraire. Ainsi Alphonse Allais, le roi des humoristes français pour moi, était dans la vie, à en croire ses contemporains, un personnage lugubre.

Tout cela devrait nous pousser à voir que les enjeux de l'humour ne sont pas l'amusement, la distraction, mais plutôt qu'ils sont vitaux : il s'agit d'une vision particulière de l'existence, souvent conquise de haute lutte, et jamais sans doute définitive, toujours à rétablir et à préserver. Il faut du courage pour regarder les choses en farce. Réaction et réponse à toute la négativité de la vie, l'humour n'a pas la supériorité (et la sécheresse) de l'ironie : il a la modestie de l'intelligence et la charité de l'empathie.

LE MASQUE ARRACHÉ

Notre monde mental n'est que la représentation que nous nous faisons des choses et des êtres, et les projections que nous leur affectons et superposons. La plupart du temps nous en sommes esclaves, et prenons pour réalité ultime et totale le seul monde que nous avons construit, librement croyons-nous, mais très souvent aussi modelés par l'éducation que nous avons reçue. Le bouddhisme insiste bien sur le fait que notre réalité est une construction qui prend sa source en nous-mêmes, et dont nous sommes les bâtisseurs. La délivrance (*nirvana*) consiste à de déprendre de cette armure, de cette forteresse mentale qui cache notre vrai moi. Nous ne sommes pas ce que nous pensons être, pas plus que ce que nous pensons tout court.

Chez nous, Épictète a dit des choses analogues. Nous n'avons pas affaire avec les choses mêmes, mais avec les idées que nous sous en faisons, les projections que nous faisons sur elles. – Bouddhisme oriental ou stoïcisme occidental, il y a là un fonds commun de sagesse, un trésor universel.

Mais malgré tous ces avertissements, une fois ce monde factice constitué, nous y adhérons sans réserve. Les réflexes remplacent en nous la réflexion, et de même dans notre esprit prolifèrent les *jugements*, souvent à l'emporte-pièce, qui sont bien plus faciles à mettre en œuvre que le recours à l'intelligence. De ce point de vue le *Ne jugez pas* de l'Évangile est essentiel. De cette propension aux jugements unilatéraux viennent toutes les idées reçues, dont Flaubert a voulu faire un *Dictionnaire*. Et de même les lieux communs, dont Léon Bloy a écrit une *Exégèse*.

En tout cela nous nous trompons. Car l'éventail est infini des visions de la vie autres que celle que nous avons adoptée. Il y a plus de choses dans le ciel et la terre, que n'en peut rêver toute la philosophie. Pas plus qu'un coup de dés ne peut abolir le hasard, une seule opinion ne peut évincer toutes les autres. Par rapport à l'infini des façons de dire et des façons de vivre, nous sommes voués à l'insularité, et l'île ne peut prétendre supplanter l'océan.

Quant à la personnalité sociale, elle est un masque (*persona*, en latin) qui couvre un être nécessairement limité, vu les choix de vie et d'idéologie qu'il a faits, et qui sont autant d'exclusions. La plupart du temps il ignore ce qu'il a éliminé, donc refoulé, et qui demeure enfoui au fond de lui dans une ombre épaisse. Mais cette façade est fragile, elle peut se fissurer, éventuellement s'écrouler. Colosse aux pieds d'argile, l'homme civilisé dissimule ses failles derrière le masque de l'acteur (*hypokritès*, en grec), qui fait de lui précisément un hypocrite. Mais pour combien de temps ?

Quand j'étais petit enfant, je peux dire que je ne portais pas encore de masque, et nulle ombre encore ne me suivait. Mais ensuite j'ai fait des choix, et l'ombre a grandi, s'est épaissie considérablement. Légère encore à l'adolescence, elle a crû progressivement, jusqu'à être souvent pour moi, aujourd'hui, un grand manteau d'obscurité qui me recouvre et m'habille, masquant ma nudité, ma plasticité originelles. Pourrai-je l'arracher loin de moi, littéralement le *démanteler* ?

Eh bien, il me semble que l'humour précisément a pour fonction d'arracher ce masque. Je vois l'humoriste comme un arracheur de masque, un empêcheur de parler et de penser en rond dans le théâtre social. Il joue un peu le rôle du fou du roi dans les cultures d'autrefois.

Aussi bien m'attend-il et me fait-il signe, devant moi et au fond de moi, pour m'apprendre désormais à ne plus me payer de mines, et à ne rien croire aveuglément.

LA VOIE DU NON-SAVOIR

Si je considère mon monde intellectuel, il m'a fallu du temps pour passer d'un monde où je croyais certaines vérités indubitables à un autre, son contraire, fait de doute. Cela tient il me semble à l'aura particulière dont bénéficient naturellement, pour un esprit qui s'engage dans les études, les grands esprits qui l'ont précédé.

Pour prendre un seul exemple, j'ai appris au lycée l'enseignement socratique selon lequel nul n'est méchant volontairement, et qu'il vaut mieux subir l'injustice que la commettre. L'aura de Platon et de Socrate, le crédit à leur faire conjugué avec celui que j'accordais à la tradition universitaire dont j'héritais, emportait pour moi toute hésitation là-dessus. Puis quand j'ai vu le même enseignement dans la bouche du Jésus évangélique (« Pardonne-leur car ils ne savent pas ce qu'ils font ») j'ai été conforté dans la même façon de voir.

Mais ensuite j'ai lu l'exact contraire sous la plume d'un philosophe d'origine juive en hommage aux victimes des camps nazis : « Ne leur pardonne pas car ils savent très bien ce qu'ils font ! » Alors mes yeux se sont dessillés, et j'ai cessé d'adhérer sans réfléchir à aucune formulation qui dorénavant me pourrait venir de la part des *gens qui savent*. En l'espèce, au « tendre l'autre joue » et au « ne pas résister au méchant » évangéliques je pouvais opposer : « Poignez vilain, il vous oindra – Oignez vilain, il vous poindra », etc.

Alors je me suis vraiment intéressé à l'humour, à la possibilité qu'il offre. À chaque opinion acceptée, constituant une doxa installée, invétérée en l'homme et le recouvrant telle une armure protectrice, il en oppose une autre, non pas par gratuité ludique, mais pour salutairement faire litière de l'omniscience.

*

Par exemple, voit-on la vie comme modelée par les proverbes, qu'on dit être la sagesse des nations ? Aussitôt il les met en contradiction avec eux-mêmes :

> ■ Tel père, tel fils → À père avare, fils prodigue.
> ■ On n'est jamais si bien servi que par soi-même. → Les cordonniers sont toujours les plus mal chaussés.
> ■ La fortune vient en dormant → L'avenir appartient à ceux qui se lèvent tôt.
> ■ La nuit porte conseil → Il faut battre le fer tant qu'il est chaud. Etc.

Ou bien il leur oppose un contraire qu'il ne s'agit que de trouver :

> ■ Qui ne dit mot consent → Qui ne dit mot ne consent pas.
> ■ Mieux vaut tard que jamais → Mieux vaut jamais que tard.
> ■ Toute médaille a son revers → Tout revers a sa médaille.
> ■ Loin des yeux loin du cœur →Loin des yeux, près du

cœur.
- Les absents ont toujours tort → Les absents ont toujours raison.
- Un seul être vous manque et tout est dépeuplé → Un seul être vous manque et tout est repeuplé. Etc.

Autre exemple. On vante d'habitude la profondeur et la justesse des maximes de La Rochefoucauld. Mais on oublie qu'elles sont totalement réversibles. En voici deux exemples :

- Ceux qui s'appliquent trop aux petites choses deviennent ordinairement incapables des grandes.

- Dans les premières passions les femmes aiment l'amant, et dans les autres elles aiment l'amour.

Puis :

- Ceux qui ne s'appliquent pas aux petites choses deviennent ordinairement incapables des grandes.

- Dans les premières passions les femmes aiment l'amour, et dans les autres elles aiment l'amant.

Je laisse mon lecteur deviner quelles sont les vraies, et quelles sont les fausses. Réponse en note : [4].

En fait les deux formulations sont également dicibles, elles ont également du sens, elles sont également vraies, ou plutôt également valides : simplement change à chaque fois le contexte qu'on peut imaginer et construire, le cadre d'application possible de chacune. Soit ici, respectivement :

Dans le premier cas : 1/ trop de méticulosité et de myopie sont signes de pusillanimité. 2/ *Mais :* trop de négligence du détail empêche toute capacité à gérer l'ensemble.

Dans le second : 1/ Découvrant l'amour avec leur premier amant, les femmes ensuite cherchent l'amour lui-même, quel que soit le nouveau partenaire. 2/ *Mais :* Commençant leur vie amoureuse par des rêves, elles recherchent ensuite des réalités.

Cet exercice consistant à renverser les propositions, les anciens sophistes le pratiquaient, sous le nom d'*antilogie*. L'humour me semble-t-il le reprend objectivement à son compte, en s'engageant ainsi sur la voie du *non-savoir*.

*

En cela il récuse les idées toutes faites, qui empêchent de penser vraiment. En réalité il invite à une gymnastique intellectuelle particulière. Son intelligence est de ne refuser aucune formulation, car tout est dicible, mais surtout d'inviter, par l'insertion toujours possible de telle ou telle formulation dans un ensemble spécifique, à chercher la zone de validité, la situation d'énonciation particulière (jamais universelle) où chaque assertion se justifie.

Il faut savoir où l'esprit doit *accommoder*, comme on le dit en optique et en photo, pour que l'assertion devienne nettement perceptible et justifiable. Point de netteté, point d'accommodation, zone de mise au point, limites de profondeur de champ sont des métaphores, mais peu importe ici l'appellation. C'est le phénomène qui compte.

Par exemple, pour « Un seul être vous manque et tout est dépeuplé – Un seul être vous manque et tout est repeuplé », la clé à trouver, la zone de pertinence possible de la formulation dépend de l'intensité de l'amour qu'on ressent dans la situation où l'on se trouve. L'éloignement et l'absence augmentent les grandes passions et éteignent les petites, comme le vent attise un grand feu et souffle une petite bougie.

J'ai évoqué la seule *validité* conditionnelle des opinions et idées. À elle j'oppose la *vérité*, qu'on présente souvent comme universelle. Il y a un dialogue très connu d'un fonctionnaire romain avec un prophète juif : « Je suis venu dans le monde pour rendre témoignage à la vérité – Qu'est-ce que la vérité ? » [5] On voit ici aisément de quel côté je me range. En matière religieuse, j'aime beaucoup la phrase du préfet Symmaque : « On ne peut parvenir à un si grand mystère par une seule voie. » Et par œcuménisme je pense aussi au début du *Tao-te-King* : « La Voie vraiment voie n'est pas une voie constante. Les termes vraiment termes ne sont pas des termes constants. »

Pourtant je distingue bien ici le scepticisme qui pratique l'exercice d'accommodation mentale pour explorer l'éventail infini du dicible, du nihilisme, qui consiste à ne rien recevoir du tout comme fiable, digne de crédit.

Cette dernière position peut se tenir bien sûr, et je dirai que c'est celle de notre part diabolique. Je pense à l'Esprit de négation par quoi le Diable traditionnellement se définit. Ainsi Méphistophélès dans le *Faust* de Goethe : « Je suis l'esprit qui toujours nie ; car tout n'est bon qu'à s'en aller en ruines et ce serait mieux s'il n'existait rien. » Intellectuellement, il y a dans cette généralisation quelque chose qui ressemble à une démission.

Il me semble que si l'on faisait faire dès l'école l'exercice d'accommodation et de mise en contexte que je viens de dire, en proposant des énoncés contradictoires à élucider, on développerait chez les élèves la plasticité mentale essentielle à l'humour, et on éviterait la psychorigidité, qui fait toujours le lit de l'intolérance.

C'est toujours, disait Montaigne, mettre ses conjectures à bien haut prix que d'en faire griller un homme tout vif. Disant cela il pensait peut-être au supplice de Michel Servet, condamné au bûcher pour négation du dogme de la Trinité, à l'instigation de Calvin, un ayatollah chrétien aux yeux secs – et tout sauf un humoriste ! Il faut remercier l'humour d'être profondément humaniste, c'est le meilleur antidote au fanatisme belliqueux figé dans ses propres croyances. On le vérifie toujours dans l'histoire des hommes : les principes sont les principes, dussent les rues ruisseler de sang !

LA FIN DU SÉRIEUX

Il m'a fallu beaucoup de temps pour m'affranchir du sérieux. J'ai déjà dit que l'enfant que j'étais ne le pouvait pas. Bien plutôt je cherchais une certitude qui pût donner à cette vie mêlée et obscure que je voyais et dont je souffrais une cohérence, une réunification. Je voulais restaurer un ordre dans ce qui s'en allait en lambeaux.

Jusqu'au début de mon adolescence la religion m'a habité, reprenant en cela le catholicisme traditionnel de ma mère. Je ne sais pas trop si alors j'étais croyant, et même cette façon de dire me semble encore aujourd'hui obscure. Mais je trouvais dans ce que j'apprenais au catéchisme une certaine sécurité pratique. Cela se réduisait à des rituels propitiatoires et vérificateurs dont j'avais besoin à l'époque pour me calmer. Je ne savais pas encore qu'ils alimentaient, sur fond de névrose je pense, des TOC (troubles obsessionnels compulsifs) dont je ne suis pas encore totalement délivré.

Et puis un jour l'obsession religieuse m'a quitté, brusquement, sans qu'aucun événement particulier ait pu causer cet abandon. Le rationaliste en moi a dominé le reste, qui était mon alter ego, l'être immédiatement sensible, et j'ai remplacé l'observant aveugle par l'enquêteur déterminé.

Plusieurs décennies durant ensuite j'ai étudié l'héritage religieux, pensant tout de même qu'en ce dépôt transmis décisif résidait la seule possibilité de transcendance, qui pouvait éviter à l'homme sa régression à l'unidimensionnalité. Mais je ne sais si j'étais affectivement impliqué dans ces recherches, et si j'y voyais rien d'autre qu'un déploiement de curiosité intellectuelle, s'abritant derrière le vocable prudent d'agnosticisme. C'est sûrement en moi la part du professeur.

Maintenant en tout cas l'héritage religieux particulier où j'ai grandi ne m'apparaît plus que comme un grand ensemble de récits et de mythes, à mettre exactement au même niveau que tous les autres récits et mythes appartenant aux autres traditions spirituelles. Je continue à penser que sans eux nous sombrons dans le néant de l'insignifiance et de l'unidimensionnalité, mais je les considère tous avec une parfaite équanimité. Ma position peut être vue comme paradoxale. Nés de nous, je conviens volontiers que ces récits et ces mythes sont aussi plus que nous. Et je crois qu'ils ne vivent, et que nous ne vivons vraiment, que par la confiance que nous leur faisons. Nous ne vivons qu'à leur crédit.

Il n'y a donc plus en moi de présence sérieuse de tout cela, si on entend par *sérieux* quelque chose de définitif à quoi on croit ou en quoi on a foi, au point d'y subordonner sa vie entière. Un minimum de réflexion d'ailleurs suffit à rendre ici relativiste. Nous sommes chrétiens, disait Montaigne, au même titre que nous sommes Périgourdins ou Allemands.

*

Quand tout de même je veux creuser cette question, il me semble qu'il y a dans la vie foi ou confiance, indépendamment de tout dogme et de tout système religieux, tout simplement lorsqu'on croit en la présence au sein de l'existence d'une *finalité*, qui fait pièce au seul hasard. Là me semble être le point essentiel. Le rationaliste qui s'est installé en moi depuis longtemps n'a pas cette foi. Tout ce qu'il peut dire est que pour lui le sens de la vie est que ce n'est pas la mort. Ou bien que le sens de la vie est simplement le désir qu'elle en ait un. Rien de plus. Disant cela, je me range derrière mon cher Spinoza, que je ne peux me retenir de citer pour lui rendre hommage : Ce qu'on appelle finalité n'est rien d'autre que le désir humain mis à l'origine des choses.

Mais l'être sensible qui vit aussi en moi et à certains moments réclame sa part est beaucoup plus prudent. L'ironie sceptique, voltairienne, sûre d'elle et destructrice, lui est étrangère, et il n'a de cesse que de scruter dans la vie des signes du contraire de ce que froidement il pense.

Je crois d'ailleurs qu'il faut toujours penser contre soi-même. Si ce n'était pas le cas, je ne saurais ici me réclamer de l'humour, qui dans son principe n'affirme rien, et laisse ouvertes toutes les questions. Pour être vraiment lui-même, il doit même douter de lui-même, de la voix qu'il incarne et de la voie qu'il nous montre. Pascal l'a très bien dit : Rares sont ceux qui parlent du doute en doutant.

Et sur cette essentielle question de la foi ou de la confiance dans la vie, je pourrais prendre à mon compte la phrase du père de l'enfant possédé sollicitant sa guérison, à l'adresse d'un Maître ou d'un Dieu auquel rationnellement je ne crois pas : « J'ai confiance, viens en aide à mon manque de confiance ! »[6] Phrase contradictoire sans doute, mais qui si on y réfléchit peut définir, comme on peut l'attendre d'une formulation paradoxale, la situation de l'humour.

*

Maintenant, face aux thuriféraires encenseurs du sens définitif, que je nomme les gens sérieux, je défendrai le non-sérieux de l'humour. Dans la vie je ne vois rien de sérieux, ce qui ne veut pas dire qu'il n'y a pas de tragique. La mort d'un individu, le moindre soit-il, est tragique, et peut-être plus encore pour lui celle des proches qui lui sont chers. Mais les destins d'Alexandre, de César, de Napoléon, je ne les vois pas comme sérieux. Que de hasards dans leur destin ! Combien de nez de Cléopâtre ! Et combien aussi de sang versé ! – Au fond, tout le mal dans le monde est fait par les convaincus et les ambitieux, de sorte qu'un homme qui doute et qui ignore l'ambition est peut-être le seul être innocent sur la terre.

D'un point de vie rationnel, je vois la vie comme un bref instant entre deux éternités de nuit : celle qui a précédé la naissance, et celle qui suivra la mort. Avant la vie il y a le non-être, et de même après la mort il y aura le non-être. Et pendant le bref moment, le clin d'œil (*ictus oculi*) qu'est toute vie, y a t-il quelque chose qui s'appelle du sens ? On l'espère, mais on y voit plutôt, bien souvent, du non-sens, de l'absurde, bref du chaos. Tout pour moi, à mes moments de profond doute, se résume, pour reprendre le titre d'un roman de Montherlant, au Chaos et à la Nuit.

Mais si la vie n'est qu'un pont entre deux néants, que faire alors sur ce pont, sinon comme sur celui d'Avignon, y danser ? Y soyons donc joyeux ! *Gaudeamus igitur !* Il faut avoir assez de musique en soi pour faire danser la vie. On dit que Socrate, à la fin de sa vie, a voulu apprendre à danser. Que voir d'autre dans une pareille attitude, dans ce *carpe diem* assumé sur fond de tragique, si ce n'est une part essentielle de l'humour ?

PARADOXES

La doxa, l'opinion commune, nous enserre et nous corsette, au point que plus aucun libre mouvement mental ne nous est possible, aucune exploration de nouveaux territoires. Et nous répétons le catéchisme qu'on nous a appris, via parents et éducateurs, qu'il soit religieux ou simplement moral et social. Cela sécurise, comme tout ce qui touche à papa-maman. Mais c'est proprement du psittacisme, un langage de perroquet. Ou de l'écholalie, un langage fait de simples échos. C'est d'ailleurs l'étymologie même de catéchisme : répéter en écho (*ekhein*) une leçon qui nous vient d'en-haut (*kata*). On ne raisonne pas, on résonne. Ce sont des Souffles de voix – *Flatus vocis*.

L'être ainsi se fossilise, se campe sur ses certitudes, et veut naturellement les imposer aux autres, bien souvent *manu militari*.

Le paradoxe, qui va contre (*para*) la doxa, apparaît alors comme un outil majeur de l'humour. Il n'est pas étonnant alors qu'une de ses caractéristiques essentielles soit d'inverser les valorisations habituelles. Ainsi une de ses caractéristiques ordinaires est qu'il parle légèrement des choses sérieuses, et sérieusement des choses légères. Il pourrait reprendre à son compte le pouvoir qu'on attribue à Dieu dans le *Magnificat* : *Deposuit potentes de sede et exaltavit humiles* – Il a abattu les puissants de leurs sièges et élevé les humbles.

Ainsi Montaigne peut-il dire qu'au plus élevé trône du monde, encore ne sommes nous assis que sur notre cul. Et de même, inversement, pourrais-je moi-même refuser de traiter les « grands sujets » pour ne relever que les plus petits : par exemple écrire des pages entières fort sérieuses d'apparence simplement sur ce papillon qui volette à ma fenêtre, cette fourmi qui se déplace sur ma terrasse, ou ce chat que je vois maintenant s'amuser dans mon jardin, comme si c'était là des événements exceptionnels. Swift, le maître de l'humour anglais, a bien écrit une *Méditation sur un balai* !

Classiquement cette opposition (rabaisser le grand, grandir le petit) distingue le mode de représentation *burlesque* du mode *héroï-comique*. Si je fais parler un roi de la mythologie comme un homme ordinaire, comme chez Offenbach par exemple, je pratique le mode burlesque. Inversement si je fais parler un homme ordinaire comme un roi de la mythologie, je pratique le mode héroï-comique. Mais peu importent les appellations au fond : dans les deux cas l'esprit s'ouvre à plus grand que la pensée et la considération ordinaires, qui séparent définitivement les sujets en grands et petits.

Mais rabaisser les grands, grandir les petits n'a de sens que par rapport au but recherché, qui est d'agrandir le champ mental. Les puissants de ce monde ne doivent pas nous couvrir d'un nuage ou nous obnubiler de leur prestige. Ils ne sont que des hommes comme nous. Imaginons-les aux toilettes, par exemple, autre trône. Il n'y a aucune raison pour qu'ils nous fassent de l'ombre ou nous offusquent.

Et inversement, ce papillon voltigeant, cette fourmi, ou ce chat que je vois et ses jeux, qui nous dit qu'ils ne peuvent pas nous donner une leçon essentielle de vie ? Voyez le premier errer de fleur en fleur, se raviser brusquement, puis se fondre dans un rayon de soleil. La deuxième maladroitement s'évertuer pour franchir un obstacle. Et le troisième prendre tout son temps, s'étirer paresseusement avant de se mettre en route. Que ne faisons-nous de même ! Mais encore pour cela a-t-il fallu au départ remarquer leur présence.

Certains ne comprendront pas qu'on puisse s'intéresser si longuement à ce qui après tout n'est que bien banal. Mais au moins dans cet intérêt que l'on peut porter aux moindres choses gagne-t-on la concentration, la fixation sur l'instant vécu, le hic et nunc, et l'on évite la dispersion mentale, si fâcheuse parce qu'elle nous sépare de nous-mêmes. L'esprit n'est pas naturellement multitâche, plusieurs fenêtres (*windows*) ne s'y peuvent ouvrir en même temps. Le proverbe le dit bien : *Age quod agis* – Fais (pleinement et seulement) ce que tu fais. Par exemple absorbe-toi dans ce détail qu'ici tu scrutes, si infime soit-il. À ce prix seul tu te réunis à toi-même.

Ainsi peut-on être superficiel par profondeur : en montrant l'intérêt qu'il y a à apprécier les moindres choses, on peut démasquer les fausses grandeurs, par exemple celles que dans la compagnie des hommes Pascal appelait *grandeurs d'établissement*.

LES MYTHES REVISITÉS

Les mythes, religieux ou autres, m'apparaissent aujourd'hui comme des miroirs donnant à l'homme une image bien plus nette et probante de sa vie ordinairement floue et mêlée, exactement comme les miroirs réels donnent des objets une image plus nette et convaincante que celle qu'ils présentent d'habitude à nos yeux : ce n'est pas pour rien qu'ils sont souvent appelés *profonds*. Il me semble essentiel que l'homme puisse s'y reconnaître, et y voir modélisés les situations et scénarios de vie qu'il rencontre et qui, sans leur secours, n'auraient aucune consistance. Ce sont des miroirs *instituants*, qui façonnent l'homme pour qu'il ressemble à l'homme – pour qu'il devienne pleinement humain et pleinement vivant. On voile les miroirs dans les chambres des morts, et ce n'est pas pour rien que le vampire, un mort-vivant, ne se reflète dans aucun miroir.

Mais le danger est quand le miroir se fige, et ne rend plus compte du côté nécessairement changeant de toute réalité, de ce que le bouddhisme appelle l'universelle impermanence. C'est le cas de ce qui peut arriver, par exemple, au mythe chrétien, quand son contenu reste celui, majoritaire encore chez nous, du sacrifice expiatoire obtenu par un supplice source de bienfaits, une Passion salvatrice. Comme dit Renan à la fin de *La Vie de Jésus*, cette représentation peut arracher aux plus beaux yeux des larmes sans fin.

Mais aussi elle peut paraître inadmissible à qui réfléchit un peu.

Alors cette rédemptrice Passion du Christ, l'humoriste peut la raconter comme une course de côte cycliste :

> Barrabas, engagé, déclara forfait.
> Le starter Pilate, tirant son chronomètre à eau ou clepsydre, ce qui lui mouilla les mains, à moins qu'il n'eût simplement craché dedans – donna le départ.
> Jésus démarra à toute allure.
> En ce temps-là, l'usage était, selon le bon rédacteur sportif saint Mathieu, de flageller au départ les sprinters cyclistes, comme font nos cochers à leurs hippomoteurs. Le fouet est à la fois un stimulant et un massage hygiénique. Donc Jésus, très en forme, démarra, mais l'accident de pneu arriva tout de suite. Un semis d'épines cribla tout le pourtour de sa roue d'avant. On voit, de nos jours, la ressemblance exacte de cette véritable couronne d'épines aux devantures de fabricants de cycles, comme réclame à des pneus increvables. Celui de Jésus, un single-tube de piste ordinaire, ne l'était pas.
> Les deux larrons, qui s'entendaient comme en foire, prirent de l'avance.
> Il est faux qu'il y ait eu des clous. Les trois figurés dans des images sont le démonte-pneu dit « une minute ». Mais il convient que nous relations préalablement les pelles. Et d'abord décrivons en quelques mots la machine.
> Le cadre est d'invention relativement récente. C'est en 1890 que l'on vit les premières bicyclettes à cadre. Auparavant, le corps de la machine se composait de deux tubes brasés perpendiculairement l'un sur l'autre. C'est ce qu'on appelait la bicyclette à corps droit ou à croix. Donc Jésus, après l'accident de pneumatiques, monta la côte à pied, prenant sur son épaule son cadre ou si l'on veut sa croix.

Des gravures du temps reproduisent cette scène, d'après des photographies. Mais il semble que le sport du cycle, à la suite de l'accident bien connu qui termina si fâcheusement la course de la Passion et que rend d'actualité, presque à son anniversaire, l'accident similaire du comte Zborowski à la côte de la Turbie, il semble que ce sport fut interdit un certain temps, par arrêté préfectoral. Ce qui explique que les journaux illustrés, reproduisant la scène célèbre, figurèrent des bicyclettes plutôt fantaisistes. Ils confondirent la croix du corps de la machine avec cette autre croix, le guidon droit. Ils représentèrent Jésus les deux mains écartées sur son guidon, et notons à ce propos que Jésus cyclait couché sur le dos, ce qui avait pour but de diminuer la résistance de l'air.

Notons aussi que le cadre ou la croix de la machine, comme certaines jantes actuelles, était en bois.

D'aucuns ont insinué, à tort, que la machine de Jésus était une draisienne, instrument bien invraisemblable dans une course de côte, à la montée. D'après les vieux hagiographes cyclophiles, sainte Brigitte, Grégoire de Tours et Irénée, la croix était munie d'un dispositif qu'ils appellent « suppedaneum ». Il n'est point nécessaire d'être grand clerc pour traduire : « pédale ».

Juste Lipse, Justin, Bosius et Erycius Puteanus décrivent un autre accessoire que l'on retrouve encore, rapporte, en 1634, Cornelius Curtius, dans des croix du Japon : une saillie de la croix ou du cadre, en bois ou en cuir, sur quoi le cycliste se met à cheval : manifestement la selle.

Ces descriptions, d'ailleurs, ne sont pas plus infidèles que la définition que donnent aujourd'hui les Chinois de la bicyclette : « Petit mulet que l'on conduit par les oreilles et que l'on fait avancer en le bourrant de coups de pied. »

Nous abrégerons le récit de la course elle-même, racontée tout au long dans des ouvrages spéciaux, et exposée par la sculpture et la peinture dans des monuments « ad hoc » :

Dans la côte assez dure du Golgotha, il y a quatorze virages. C'est au troisième que Jésus ramassa la première

> pelle. Sa mère, aux tribunes, s'alarma.
> Le bon entraîneur Simon de Cyrène, de qui la fonction eût été, sans l'accident des épines, de le « tirer » et lui couper le vent, porta sa machine.
> Jésus, quoique ne portant rien, transpira. Il n'est pas certain qu'une spectatrice lui essuya le visage, mais il est exact que la reporteresse Véronique, de son kodak, prit un instantané.
> La seconde pelle eut lieu au septième virage, sur du pavé gras. Jésus dérapa pour la troisième fois, sur un rail, au onzième.
> Les demi-mondaines d'Israël agitaient leurs mouchoirs au huitième.
> Le déplorable accident que l'on sait se place au douzième virage. Jésus était à ce moment dead-head avec les deux larrons. On sait aussi qu'il continua la course en aviateur... mais ceci sort de notre sujet.[7]

Devant ce texte parodique les partisans du miroir figé, immobilisant ce qu'il reflète, dont j'ai parlé au début de ce chapitre à propos de ces miroirs instituants que sont les mythes, et ceux qui ne voient ici que ce que leur inculque leur catéchisme intouchable, vont évidemment crier au blasphème.

Mais d'abord c'est sans se douter qu'ils sont dupes ici d'une illusion, à quoi peu de gens sont sensibles, qu'on peut appeler l'illusion référentielle. Elle consiste à s'imaginer au mépris de toute réalité qu'il y a un lien, une adhérence indissoluble du signe avec la chose qu'il désigne. En réalité, rien dans le signe (mot, image) n'*est* la réalité. Le mot « chien » ne mord pas, pas plus que l'image d'une pipe n'est une pipe. Par définition, un texte, une image ne sont *pas*, ne sont *jamais* ce qu'ils représentent ou évoquent.

Quant à ceux qui se réclament ici d'un dieu outragé, ils devraient se dire que par définition aussi Dieu excède toute représentation, tout langage et toute image. Il est plus, ce que dit l'expression arabe *Allah Akbar !*, ou Dieu est dit *plus grand* (comparatif dit *élatif*) – que tout ce qu'on en peut dire, montrer, figurer, etc. En somme, Dieu est plus grand que Dieu, Dieu est plus que Dieu (que ce qu'on s'imagine à son sujet).

C'est ce qu'affirme d'ailleurs chez nous la théologie négative ou apophatique : de Dieu on ne peut dire que ce qu'il n'est pas. Rien ne l'épuise et ne s'en peut dire, rien à son égard ne convient : *Nada*, comme disent les mystiques espagnols. On ne rencontre Dieu que quand on a fait le vide, déblayé devant soi tous les obstacles qui nous le cachent.

En outre, on pourrait dire que le texte de Jarry, s'il parodie bien le Chemin de croix salvifique du Christ, ne critique que la modalité sacrificielle, doloriste, du christianisme, dont l'étendard précisément est la Passion. Cette vision, majoritaire encore certes chez nous, nous la devons à Paul. Mais d'autres visions du mythe chrétien sont possibles, qui ne sont pas axées sur la souffrance expiatrice du Sauveur. Je pense à la gnose par exemple, qui propose un salut par l'enquête sur soi et la connaissance (*gnôsis*). Et ces traditions, quoique autrefois décrétées hérétiques, sont loin d'être méprisables.

Et au fond on peut dire, sans paradoxe excessif, ou en faisant à son propos faire encore preuve d'humour, que c'est peut-être un texte parodique comme celui de Jarry qui ménage le plus la transcendance de Dieu. Et aussi qu'il est plus pieux que les textes bien-pensants, c'est-à-dire non-pensants.

En effet il explore une voie jusque là in-ouïe tout en revisitant et réécrivant méticuleusement (par voie de palimpseste dans la tradition grecque, ou de midrash dans la tradition juive) un héritage aujourd'hui sans doute ignoré de beaucoup – je peux l'attester : rares étaient mes étudiants naguère qui voyaient dans la Passion autre chose que la passion amoureuse, ou dans une parabole autre chose qu'une antenne de télévision...

Outre donc que l'inversion du sens qu'il opère n'a rien à voir avec ce qu'est Dieu, dont aucune parole ne peut rendre compte, le rappel de l'épisode dont il s'inspire réactive singulièrement le mythe en le rappelant à la mémoire. Il y a au fond dans toute parodie quelque chose d'un hommage. Et en période de déculturation, le danger principal n'est pas le soi-disant blasphème, mais bel et bien l'amnésie. On le constate bien aujourd'hui : la surdité n'est pas la meilleure façon d'entendre la musique.

De toute façon, j'aime beaucoup ce que disent de la Bible mes amis protestants libéraux : ce n'est pas le livre de Dieu, mais le livre d'hommes parlant de Dieu. Elle ne relève d'aucune inerrance sacrée pour cette raison, et la brandir comme étant une loi unique à recevoir et à imposer aux autres est le propre du fanatisme où mène l'intégrisme.

Au surplus, quiconque la lit voit bien qu'elle est souvent faite de discours contradictoires. Et on peut la voir elle-même comme une gigantesque œuvre de littérature – et ce mot n'est absolument pas péjoratif sous ma plume. Voyez l'épisode évangélique de la tentation de Jésus au désert. C'est une *disputatio*, un *pilpoul* (discussion rabbinique) entre Jésus et le Diable. Le texte n'est pas monolithique, puisque des opinions différentes s'y opposent les uns aux autres. C'est un texte polyphonique, donc ouvert à toutes les discussions.

Au fond, l'humour, à la différence de l'ironie, n'est pas par principe incompatible avec la religion et la foi. On connaît par exemple l'humour juif, si profond. Là encore il manifeste une piété maximale, en maintenant indirectement mais objectivement la transcendance divine. Tout ce qu'on peut dire quant aux desseins profonds de cette dernière est frappé au coin du doute. Face à elle, l'homme par nature n'a pas toutes les clés. On dit fort bien que les Voies de Dieu sont impénétrables. L'humour ne fait que critiquer ceux qui pensent le contraire. Et un proverbe juif dit aussi : Dieu rit quand l'homme pense.

Quant au pauvre (?) Jarry, il faut, si besoin, consoler ses mânes en disant que ceux qui ne rient jamais ne sont pas des gens sérieux. Un saint triste, par exemple, est un bien triste saint. En fait on trouverait beaucoup d'humour chez les saints eux-mêmes, voire déjà dans certaines phrases évangéliques.

DÉCALAGES ET PAS DE CÔTÉ

L'humour, comme je l'ai dit, parle volontiers légèrement des choses sérieuses et sérieusement des choses légères. Par là il opère un constant décalage entre ce qu'il dit et ce dont il parle. C'est comme cela que fonctionne l'antiphrase dans le langage. Elle consiste à dire une chose pour faire entendre le contraire. Par exemple : « C'est du propre ! », ou « C'est du joli ! ». L'auditeur doit comprendre naturellement l'exact opposé de ce qu'on lui dit.

Pour l'y inviter, le langage oral change le ton sur lequel la chose est dite, qui change le sens du tout au tout. L'esprit fait agir à la fois son hémisphère gauche, lieu du langage, pour comprendre le sens, et son hémisphère droit, lieu de la sensibilité non verbale, pour ajouter je dirai un sens supplémentaire, qui est le contraire du premier.

Enfant, on a pu m'adresser des remarques antiphrastiques, et j'ai sans doute pour les comprendre utilisé les informations que me donnait la situation, c'est-à-dire ce j'entendais et voyais de mon interlocuteur : sa colère, le ton de sa voix, etc. Puis les choses ont pu pour moi, comme pour tous, devenir automatiques.

Mais elles se compliquent dans le langage écrit. Là on n'a pas le ton et la musique de la voix à sa disposition, on n'a que des mots et un contexte. Et leur interprétation dépend souvent de l'agilité d'esprit, de la souplesse mentale, de la culture aussi du lecteur. Certain humoriste (Alphonse Allais) a proposé pour clarifier les choses d'ajouter à la langue française, dans la graphie, à côté du point d'exclamation et des points de suspension un point d'ironie (ou d'humour ?). Il ne connaissait pas les émoticônes d'aujourd'hui, qui l'auraient sûrement comblé.

Mais au fond je ne sais pas si cette introduction de balises explicatives dans le texte écrit serait une bonne chose. Elle favoriserait la paresse du lecteur, en lui épargnant de chercher le sens véritable de ce qu'il lit. Et aussi elle supprimerait l'interrogation sur le *degré* (premier degré, second degré, etc.) auquel il faut le prendre. Cette interrogation peut être abyssale, fait l'intérêt de beaucoup de textes, mais suscite aussi parfois beaucoup de perplexité. Et je ne suis pas sûr que l'Intelligence Artificielle (I.A.) puisse beaucoup décider là-dessus (litote !).

Par exemple comment déterminer si une production de l'esprit (texte, image...), est kitsch, c'est-à-dire impliquant adhésion immédiate de son auteur (premier degré), ou bien si elle est *camp*, c'est-à-dire présentée avec clin d'œil, distance, de façon antiphrastique ? Il y a là souvent une énigme, que j'ai explorée ailleurs.[8]

On voit que si l'antiphrase installe un décalage entre deux situations verbales, l'humour aussi, à sa manière, en pratique un : il ne manifeste pas une consonance avec la doxa et son langage figé, mais une dissonance, une fissure, une lézarde ouverte sur autre chose. À ce prix est la vie de l'esprit. Tout le reste est rigidité, fossilisation, mort spirituelle.

*

Pareillement il faut *se décaler* dans la vie, et dans toutes nos marches faire des *pas de côté*. Se voir sous un autre angle, d'un autre point de vue. Je me souviens d'avoir un jour regardé dans la vitrine d'un magasin un appareil-photo qui me faisait envie. Et puis soudain j'ai vu sur la surface de la vitre mon propre reflet. Je me suis vu désirant, je me suis décalé. Je voyais l'ensemble de la situation. Et aussitôt ma pensée a relativisé mon désir, m'a représenté que j'avais déjà assez d'appareils de ce type, et qu'il était vain d'en acheter un autre. J'ai objectivé ma situation, je me suis vu de l'extérieur, ce dédoublement en quelque sorte a pour moi été salvateur, à cet instant.

J'invite maintenant ceux qui sortent du supermarché avec leur caddy débordant de tous leurs achats de voir simplement leur reflet dans une vitre du magasin. Se voyant ainsi en quelque sorte de l'extérieur, ne comprendront-ils pas mieux leur aliénation, et resteront-ils ensuite de bons moutons consommateurs ?

En somme, il faudrait dans nos façons de voir passer du *je* au *il*. L'écriture peut le permettre, par la distance qu'elle permet de prendre avec l'immédiate tyrannie de l'ego. Acte de réflexion, elle peut tout à fait permettre de se voir de l'extérieur. C'est déjà vrai quand on s'occupe à écrire sur soi-même, par exemple dans les autofictions. Et c'est encore plus vrai quand on écrit de vraies fictions, où la distance est plus grande.

Je vois la même prise de distance dans les réticences subtiles, ou *aposiopèses*, manifestées par le langage et la pensée vis-à-vis de la doxa qui nous modèle bien souvent. L'humour, qui les pratique souvent et les incarne, objective les choses, les voit de plus haut, se distancie par rapport à elles pour nous libérer de leur emprise asservissante. Il opère un salut spirituel.

En toutes choses il faudrait s'efforcer d'atteindre à ce qu'on pourrait appeler la *Grande Image*. C'est un point de surplomb (dira-ton de Sirius ?) qui relativise activités, projets et désirs humains en détruisant les représentations ordinaires, partielles et partiales, que l'on s'en fait.

*

Et paradoxalement, outre dans le pas de côté et le décalage, c'est dans le choix du plus petit sujet à traiter que l'on peut prendre la plus grande hauteur. Se concentrer sur les plus petites choses, sur l'insignifiant, ou ce qu'on pense être insignifiant, peut permettre ce qu'on appelle aujourd'hui la méditation de pleine conscience (*mindfulness*) et éloigner l'esprit des pensées parasites qui l'obsèdent souvent, comme des singes se balançant dans un arbre (*monkey mind*). L'humour, qui décale les centres d'intérêt et réhabilite ce qu'on néglige habituellement, est un excellent moyen de faire ce ménage nécessaire dans nos représentations et nos pensées, la plupart du temps égocentrées. C'est un excellent vecteur de salubrité mentale.

Il peut peut-être préparer au *satori*, l'illumination bouddhique qui peut survenir dans la moindre des occupations, par exemple en écoutant le bruit de la bouilloire lors de la cérémonie du thé, ou en balayant la cour, ou simplement en ouvrant une porte.

De ce point de vue, il y a un grand avantage au *Parti-pris des choses* :

> LES PLAISIRS DE LA PORTE
>
> Les rois ne touchent pas aux portes.
> Ils ne connaissent pas ce bonheur: pousser devant soi avec douceur ou rudesse l'un de ces grands panneaux familiers, se retourner vers lui pour le remettre en place, – tenir dans ses bras une porte.
> Le bonheur d'empoigner au ventre par son nœud de porcelaine l'un de ces hauts obstacles d'une pièce ; ce corps à corps rapide par lequel un instant la marche retenue, l'œil s'ouvre et le corps tout entier s'accommode à son nouvel appartement.
> D'une main amicale il la retient encore, avant de la repousser décidément et s'enclore, – ce dont le déclic du ressort puissant mais bien huilé agréablement l'assure.[9]

La plupart du temps nos gestes s'effectuent machinalement. Nous n'habitons pas le monde de façon sensible et étonnée, mais nous en sommes coupés par l'habitude. Se concentrer alors sur ce que sont véritablement l'ouverture d'une porte, la préparation du thé, le balayage de la cour, etc., décrire objectivement et par le menu ce type d'activités, est réhabiliter une sensibilité jusque là émoussée qui nous les a fait oublier.

Et aussi, au fond, les textes de ce type, humoristiques par définition puisque décalant le ton et le sujet par rapport aux attentes habituelles, sont peut-être parmi tous les textes ceux qui sont les plus politiquement et socialement engagés : ils nous montrent ce qui nous fait défaut d'habitude : une sensibilité ouverte sur le vrai monde, la nôtre étant réduite en friche par la vie aliénante que nous menons. Ce sont des réquisitoires contre une existence robotisée, mutilante pour des humains.

L'humour dans ce cas atteint son but alors quand il nous fait dire à l'occasion de ce qu'il nous dévoile en l'arrachant à l'accoutumance : « Oui, c'est bien comme cela que cela se passe, pourquoi n'y avais-je pas pensé jusqu'à présent ? »

Notre monde est rétréci aux seules occupations que nous pensons être sérieuses. Les contester est une affaire d'hygiène de vie, je dirai même de santé mentale. On meurt de trop de hiérarchies et d'exclusions dans nos différentes activités, qui nous cachent la Grande Image : arbres qui dissimulent la forêt.

AMBIGUÏTÉS

Peut-on rire de tout ? On dit d'habitude que oui, mais pas avec tout le monde. Et sans doute a-t-on raison, car les esprits ne sont pas identiques, et n'ont pas avancé également sur le chemin de la vie.

Par exemple, que se passera-t-il si je parle de l'esclavage des « Nègres », et si j'écris :

> Ceux dont il s'agit sont noirs depuis les pieds jusqu'à la tête ; et ils ont le nez si écrasé qu'il est presque impossible de les plaindre.

Telle qu'elle cette phrase autorisera le racisme. Mais insérée dans son contexte initial, par l'accumulation même des phrases inadmissibles qui voisinent avec elle, on ne la prendra pas au premier degré. Il y a un sous-texte évident, qui demande pour être compris une agilité intellectuelle. Voici le passage en entier :

> Il est impossible que nous supposions que ces gens-là soient des hommes ; parce que, si nous les supposions des hommes, on commencerait à croire que nous ne sommes pas nous-mêmes chrétiens.
> Si j'avais à soutenir le droit que nous avons eu de rendre les nègres esclaves, voici ce que je dirais : Les peuples d'Europe ayant exterminé ceux de l'Amérique, ils ont dû mettre en esclavage ceux de l'Afrique, pour s'en servir à défricher tant de terres.
> Le sucre serait trop cher, si l'on ne faisait travailler la plante qui le produit par des esclaves.
> Ceux dont il s'agit sont noirs depuis les pieds jusqu'à la tête ; et ils ont le nez si écrasé qu'il est presque impossible de les plaindre. On ne peut se mettre dans l'esprit

> que Dieu, qui est un être très sage, ait mis une âme, surtout bonne, dans un corps tout noir. Il est si naturel de penser que c'est la couleur qui constitue l'essence de l'humanité, que les peuples d'Asie, qui font les eunuques, privent toujours les noirs du rapport qu'ils ont avec nous d'une façon plus marquée.
> On peut juger de la couleur de la peau par celle des cheveux, qui, chez les Égyptiens, les meilleurs philosophes du monde, étaient d'une si grande conséquence, qu'ils faisaient mourir tous les hommes roux qui leur tombaient entre les mains.
> Une preuve que les nègres n'ont pas le sens commun, c'est qu'ils font plus de cas d'un collier de verre que de l'or, qui, chez les nations policées, est d'une si grande conséquence.
> Il est impossible que nous supposions que ces gens-là soient des hommes ; parce que, si nous les supposions des hommes, on commencerait à croire que nous ne sommes pas nous-mêmes chrétiens.
> De petits esprits exagèrent trop l'injustice que l'on fait aux Africains. Car, si elle était telle qu'ils le disent, ne serait-il pas venu dans la tête des princes d'Europe, qui font entre eux tant de conventions, d'en faire une générale en faveur de la miséricorde et de la pitié ?[10]

De même, s'il n'y a pas ici de « suffisant lecteur », « nègre » paraîtra péjoratif, alors qu'il ne l'était pas à l'époque où cette phrase a été écrite. Bizarre époque d'ailleurs que la nôtre, où on transforme *Dix petits nègres*, d'Agatha Christie, en *Ils étaient dix...* Un peu de bagage culturel n'est donc pas ici superflu. En général dans la vie plus on en sait, et plus on doute. Mais qui ne sait rien, de rien ne doute.

Essentiel est le degré, le sous-entendu ou l'euphémisme (*understatement*), de tel ou tel acte de langage. Et la question ici est d'une extrême complexité. Car il peut bien y avoir, parfois, dans ce qui est dit par tel ou tel, ou dans ce qu'on dit soi-même, un humour involontaire.

Soit par exemple la phrase :

> Le melon a été divisé en tranches par la nature afin d'être mangé en famille. Et la citrouille, étant plus grosse, peut-être mangée avec les voisins.

On peut y voir une parole au second degré, un aperçu original (à quoi personne avant n'avait pensé), mais formulé de façon absolument non sérieuse. Et pourtant la phrase a été écrite avec le plus grand sérieux du monde, voisinant avec d'autres du même acabit, par un écrivain du XVIIIe siècle.

> Savez-vous pourquoi la Providence a mis les volcans au bord des mers ? « Si la nature n'avait allumé ces vastes fourneaux sur les rivages de l'Océan, ses eaux seraient couvertes d'huiles végétales et animales... La nature purge les eaux par les feux des volcans... Elle brûle sur les rivages les immondices de la mer. » Savez-vous pourquoi « la vache a quatre mamelles quoiqu'elle ne porte qu'un veau et bien rarement deux » ? Non ? le voici : « Parce que ces deux mamelles superflues étaient destinées à être les nourrices du genre humain. » Vous doutiez-vous que « la nature oppose sur la mer l'écume blanche des flots à la couleur noire des rochers, pour annoncer de loin aux matelots le danger des écueils » ? Ceci est exquis : « Les insectes qui attaquent nos personnes mêmes, quelque petits qu'ils soient, se distinguent par des oppositions tranchées de couleur avec celle des fonds où ils vivent ! » Louange au Seigneur qui fait vivre la puce noire sur la peau blanche, pour être plus aisément attrapée ![11]

On s'interrogera de même sur les parts respectives de sérieux et d'humour dans un apologue écrit par notre plus grand fabuliste :

> Dieu fait bien ce qu'il fait. Sans en chercher la preuve
> En tout cet Univers, et l'aller parcourant,
> Dans les Citrouilles je la treuve.
> Un villageois considérant,
> Combien ce fruit est gros et sa tige menue :
> À quoi songeait, dit-il, l'Auteur de tout cela ?
> Il a bien mal placé cette Citrouille-là !
> Hé parbleu ! Je l'aurais pendue
> A l'un des chênes que voilà.
> C'eût été justement l'affaire ;
> Tel fruit, tel arbre, pour bien faire.
> C'est dommage, Garo, que tu n'es point entré
> Au conseil de celui que prêche ton Curé :
> Tout en eût été mieux ; car pourquoi, par exemple,
> Le Gland, qui n'est pas gros comme mon petit doigt,
> Ne pend-il pas en cet endroit ?
> Dieu s'est mépris : plus je contemple
> Ces fruits ainsi placés, plus il semble à Garo
> Que l'on a fait un quiproquo.
> Cette réflexion embarrassant notre homme :
> On ne dort point, dit-il, quand on a tant d'esprit.
> Sous un chêne aussitôt il va prendre son somme.
> Un gland tombe : le nez du dormeur en pâtit.
> Il s'éveille ; et portant la main sur son visage,
> Il trouve encor le Gland pris au poil du menton.
> Son nez meurtri le force à changer de langage ;
> Oh, oh, dit-il, je saigne ! et que serait-ce donc
> S'il fût tombé de l'arbre une masse plus lourde,
> Et que ce Gland eût été gourde ?
> Dieu ne l'a pas voulu : sans doute il eut raison ;
> J'en vois bien à présent la cause.
> En louant Dieu de toute chose,
> Garo retourne à la maison.[12]

Plus je lis ce texte, moins je comprends ce qu'a voulu dire son auteur : a-t-il voulu féliciter son paysan d'avoir finalement bien raisonné, ou au contraire stigmatiser la sottise de ce raisonnement ? La question pour moi reste sans réponse. Un lecteur pourra-t-il m'éclairer là-dessus ?

Finalement, il y a des cas où la sottise et l'humour peuvent être difficilement distinguables. Tout dépend peut-être de l'humeur dans laquelle se trouve le lecteur face au texte qu'il lit, et aussi de ses propres croyances et options idéologiques.

Encore une phrase de notre partisan de la finalité universelle sus-convoqué :

> Les îles sont de petits continents en abrégé.

On peut y voir de la justesse d'observation, et pourquoi pas un charmant mot d'enfant. Mais aussi une abyssale sottise, analogue à toutes celles qu'ont recueillies G. Bechtel et J-C. Carrière dans leur *Dictionnaire de la bêtise*.

À côté de cela je propose une autre phrase :

> Les éléphants sont généralement dessinés plus petits que nature, mais une puce toujours plus grande.[13]

Là il me semble que l'on a affaire à un vrai humoriste (voyez par exemple le « généralement »). Et ce qui est alors abyssal, c'est le gouffre qu'il ouvre en nous. Proposant une chose à quoi nous n'aurions jamais pensé, il fait vaciller en le fragilisant notre confort intellectuel, dont l'ambition est toujours la maîtrise sur toutes choses et sur tous sujets, l'omniscience.

Voyez aussi certains aphorismes :

> Un couteau sans lame, auquel manque le manche. »[14]

On devine le type de pensée surréelle qu'autorise cette phrase. Absurde, non-sens, constitutifs au demeurant de notre modernité, dynamitent le langage, et sa prétention très discutable à maîtriser la profusion infinie du monde. Et on voit aussi le privilège du langage face à l'image : le premier peut évoquer ce qui n'existe pas, et la seconde non : le « sans » lui est inconnu.

Je ne veux pas terminer ce chapitre sans évoquer le cas du zeugme sémantique, qui me semble le résumer. Il consiste à rapprocher deux réalités objectivement hétérogènes, ainsi juxtaposées, jointes, attelées (*zeugme* veut dire joug, attelage). J'ai pu d'abord le pratiquer enfant, sans m'en rendre compte, puis j'en ai souri adulte, et enfin je l'ai analysé de façon universitaire.[15]

Par exemple une phrase comme :

> Le lapin est un animal rapide et nourrissant.

peut être la remarque d'un enfant qui n'y voit pas malice. Mais l'adulte en verra, pour sa part et selon lui, l'incongruité causée par la jonction de deux adjectifs qui n'ont aucun rapport entre eux. L'étrange alors se fait jour, apparaît l'Ange du bizarre. Et dans ce qui n'était qu'une parole naïve et enfantine, ou une *perle* d'écolier, on pourra désormais voir, avec les yeux de l'adulte, un *humour objectif.*

Cette notion, nous la devons à Hegel, et André Breton lui associe l'idée d'un *hasard objectif.*[16]

Dans les deux cas, il y a fascination de l'esprit face à ce qu'il ne peut maîtriser, qui lui échappe et qui contredit sa démarche naturelle, mais qui ne laisse pas d'exister.

La sottise parfois ne tient qu'à l'appréciation d'un esprit logique. Autrement elle fonctionne très bien dans son ordre, et n'est pas dépourvue de sens. Je pense à ces *Brèves de comptoir*, collectées par Gourio, qui sont bien souvent mon livre de chevet, et dont voici un exemple :

> Le seul avantage du chômage, c'est qu'on ne travaille pas.

On rit ici d'une sottise en y voyant une vérité première, un enfoncement de porte ouverte, mais si on y réfléchit on peut y trouver du sens : il y a beaucoup d'inconvénients au chômage, à commencer par la difficulté de se nourrir et de se loger, etc. Le naïf ne voit que ce dernier plan ou ce dernier côté, et l'humoriste, s'il veut prendre cette phrase à son compte, voit en plus l'autre côté, le truisme langagier. L'important pour qu'il y ait humour est de voir les deux plans. Sinon il n'y a que sottise – ou bien humour involontaire.

Je note enfin qu'un homme intelligent peut toujours faire l'imbécile, mais que l'inverse n'est pas vrai.

*

Maintenant je livre à l'interprétation un texte que j'ai écrit, dans un recueil qui ne contient que des histoires vraies. On pourra se demander s'il s'agit d'ironie, d'humour, ou des deux à la fois.

Suscite-t-il le rire, ou le sourire, ou autre chose encore ? J'espère quand même qu'on n'y verra pas de sottise :

> MERVEILLEUX STRATAGÈMES
>
> C'était un croyant très sincère, et lecteur assidu du Texte sacré, pour toujours inerrant, qui était son livre de chevet, et dont il avait une grande connaissance. Aussi était-il fort malheureux quand il se sentait pouvoir être en situation de contrevenir aux commandements qui y figurent.
> Par exemple il pouvait lire ce passage évangélique : *« Et si ton œil te pousse à mal agir, arrache-le. Mieux vaut pour toi entrer dans le royaume de Dieu avec un seul œil que d'avoir deux yeux et d'être jeté dans l'enfer de feu. »*
> Comment faire pour ne pas être tenté par tout ce que je vois dans la rue ? Par ces femmes si court-vêtues, par exemple, et tant provocantes ? Je sais bien, pour l'avoir lu aussi, que l'essentiel est dans la façon de regarder les êtres. Mais qui me dira comment regarder sans convoitise ? Et aussi si c'est effectivement mon cas ? Me voici bien embarrassé, sans suggestion pour m'aider.
>
> Un jour pourtant, dans ses pérégrinations sur Internet, il tomba sur un site israélien, en provenance du milieu juif orthodoxe de Jérusalem, qui lui sembla pouvoir donner une réponse à ses préoccupations. On y donnait des conseils pour éviter la vue des *femmes impudiques*. Ainsi les hommes contraints de sortir de leur communauté pouvaient s'équiper de capuches et de visières bloquant la vision périphérique. Cela l'intéressa, mais ne lui sembla pas définitif.
>
> Ce n'était pas en tout cas aussi radical que la merveilleuse invention qui suivait.
>
> Il s'agissait de lunettes équipées de filtres brouillant la

vision, proposées à la vente sur le site, pour la modique somme de 6 dollars. Elles ne la modifient pas, lisait-on, sur un rayon de quelques mètres, afin de ne pas gêner les déplacements, mais tout ce qui se situe au-delà de cette limite est flou, femmes impudiques comprises.

Cette prothèse qui protège l'enchanta. Quel dommage, pensa-t-il, que je ne sois pas naturellement myope, car le myope a un grand avantage pour rester dans la voie de la pureté, et je peux même croire que son handicap peut être vu comme une faveur divine. Surtout qu'il ne s'équipe pas de verres correcteurs pour voir plus distinctement !
Au moins ces lunettes flouttantes sont-elles plus charitables, et assurément un progrès par rapport à l'énucléation dont me menace le texte évangélique. Je pense que si Origène les avait connues, elles l'auraient protégé de la tentation, et il ne se serait peut-être pas châtré lui-même, comme il le fit après avoir lu un autre passage : *« Il y en a qui se sont faits eux-mêmes eunuques à cause du royaume des cieux. »*

Il commanda les lunettes, et il les attendait avec grande impatience.

Sur Internet, il vit aussi la diatribe d'un prédicateur saoudien estimant que le niqab montrant encore les deux yeux doit céder la place à un voile plus conforme à la charia, qui ne laisse apparaître qu'un seul œil, pour réduire le pouvoir séducteur de la femme.
Quelle belle invention, pensa-t-il, et ne le cédant en rien en ingéniosité aux fameuses lunettes, que ce niqab borgne ! Et charitable aussi pour celles qui louchent !

Il ne tarissait pas d'éloges sur ses dernières découvertes. Combien de tentations en effet peuvent nous assiéger à chacun de nos pas ! Et combien précieux sont ces conseils de ne pas y succomber ! Admirons l'ingéniosité de tous ceux qui ont inventé des dispositifs pour nous y aider.

> Femmes, vous nous tentez bien souvent, et votre vision nous conduit sûrement à l'Enfer. Mais heureusement nous avons de bonnes armes pour nous protéger de vous, de bons guides pour nous maintenir dans la bonne voie, et tout cela grâce à Dieu ![17]

L'HUMOUR NOIR

J'ai réservé son cas pour la fin, car au premier abord il est grinçant, révolté ou amer, et implique plus un rire sardonique qu'un sourire bienveillant. Cependant pour bien le comprendre et le justifier il faut voir à quoi il s'oppose, et il me semble que le lecteur qui cherche la façon de conduire sa vie peut aussi en faire son profit. Deux exemples :

> ASSOMMONS LES PAUVRES !
>
> Pendant quinze jours je m'étais confiné dans ma chambre, et je m'étais entouré des livres à la mode dans ce temps-là (il y a seize ou dix-sept ans) ; je veux parler des livres où il est traité de l'art de rendre les peuples heureux, sages et riches, en vingt-quatre heures. J'avais donc digéré, – avalé, veux-je dire, – toutes les élucubrations de tous ces entrepreneurs de bonheur public, – de ceux qui conseillent à tous les pauvres de se faire esclaves, et de ceux qui leur persuadent qu'ils sont tous des rois détrônés. – On ne trouvera pas surprenant que je fusse alors dans un état d'esprit avoisinant le vertige ou la stupidité.
> Il m'avait semblé seulement que je sentais, confiné au fond de mon intellect, le germe obscur d'une idée supérieure à toutes les formules de bonne femme dont j'avais récemment parcouru le dictionnaire. Mais ce n'était que l'idée d'une idée, quelque chose d'infiniment vague.
> Et je sortis avec une grande soif. Car le goût passionné des mauvaises lectures engendre un besoin proportionnel du grand air et des rafraîchissants.
> Comme j'allais entrer dans un cabaret, un mendiant me tendit son chapeau, avec un de ces regards inoubliables

qui culbuteraient les trônes, si l'esprit remuait la matière, et si l'œil d'un magnétiseur faisait mûrir les raisins.

En même temps, j'entendis une voix qui chuchotait à mon oreille, une voix que je reconnus bien ; c'était celle d'un bon Ange, ou d'un bon Démon, qui m'accompagne partout. Puisque Socrate avait son bon Démon, pourquoi n'aurais-je pas mon bon Ange, et pourquoi n'aurais-je pas l'honneur, comme Socrate, d'obtenir mon brevet de folie, signé du subtil Lélut et du bien-avisé Baillarger ? Il existe cette différence entre le Démon de Socrate et le mien, que celui de Socrate ne se manifestait à lui que pour défendre, avertir, empêcher, et que le mien daigne conseiller, suggérer, persuader. Ce pauvre Socrate n'avait qu'un Démon prohibiteur ; le mien est un grand affirmateur, le mien est un Démon d'action, ou Démon de combat.

Or, sa voix me chuchotait ceci : « Celui-là seul est l'égal d'un autre, qui le prouve, et celui-là seul est digne de la liberté, qui sait la conquérir. »

Immédiatement, je sautai sur mon mendiant. D'un seul coup de poing, je lui bouchai un œil, qui devint, en une seconde, gros comme une balle. Je cassai un de mes ongles à lui briser deux dents, et comme je ne me sentais pas assez fort, étant né délicat et m'étant peu exercé à la boxe, pour assommer rapidement ce vieillard, je le saisis d'une main par le collet de son habit, de l'autre, je l'empoignai à la gorge, et je me mis à lui secouer vigoureusement la tête contre un mur. Je dois avouer que j'avais préalablement inspecté les environs d'un coup d'œil, et que j'avais vérifié que dans cette banlieue déserte je me trouvais, pour un assez long temps, hors de la portée de tout agent de police.

Ayant ensuite, par un coup de pied lancé dans le dos, assez énergique pour briser les omoplates, terrassé ce sexagénaire affaibli, je me saisis d'une grosse branche d'arbre qui traînait à terre, et je le battis avec l'énergie obstinée des cuisiniers qui veulent attendrir un beefteack.

Tout à coup, – ô miracle ! ô jouissance du philosophe

> qui vérifie l'excellence de sa théorie ! – je vis cette antique carcasse se retourner, se redresser avec une énergie que je n'aurais jamais soupçonnée dans une machine si singulièrement détraquée, et, avec un regard de haine qui me parut de bon augure, le malandrin décrépit se jeta sur moi, me pocha les deux yeux, me cassa quatre dents, et avec la même branche d'arbre me battit dru comme plâtre. – Par mon énergique médication, je lui avais donc rendu l'orgueil et la vie.
> Alors, je lui fis force signes pour lui faire comprendre que je considérais la discussion comme finie, et me relevant avec la satisfaction d'un sophiste du Portique, je lui dis : « Monsieur, vous êtes mon égal ! Veuillez me faire l'honneur de partager avec moi ma bourse ; et souvenez-vous, si vous êtes réellement philanthrope, qu'il faut appliquer à tous vos confrères, quand ils vous demanderont l'aumône, la théorie que j'ai eu la douleur d'essayer sur votre dos. »
> Il m'a bien juré qu'il avait compris ma théorie, et qu'il obéirait à mes conseils.[18]

Malgré les apparences, il n'y a dans ce texte aucune provocation gratuite, simplement une révolte contre l'esprit du temps auquel il a été écrit, et qui est encore très actuel. C'est un catéchisme social, une antienne qui hébète l'esprit à force d'être répété. Les « entrepreneurs de bonheur public » dont il est question sont les socialistes contemporains de Baudelaire, utopiques ou non. Le texte critique la vulgate humanitaire déjà en vogue au XIXe siècle, l'humanisme bêlant, l'humanitarisme. « Je crois moi aussi, disait Nietzsche, que l'humanité finira par triompher, mais je crains fort que le monde ne devienne un vaste hôpital où chacun sera l'infirmier de son voisin. » C'est ainsi que le « Aimez-vous les uns les autres » évangélique devient à l'époque contemporaine, chez Beckett : « Léchez-vous les uns les autres ». Et on connaît la critique que fait Sartre, dans *La Nausée*, des humanistes aveuglés, qu'il appelle des « salauds ».

Les pauvres devraient se soulever, exiger activement la justice, non pas accepter le bénéfice d'un paternalisme condescendant ou d'un intérêt simplement caritatif. Mais ils sont comme abrutis par le catéchisme humanitaire ambiant, qui les déresponsabilise et leur ôte toute dignité. Je pense aussi à ce qu'on entend dans *La Traversée de Paris*, le film d'Autant-Lara : « Salauds de pauvres ! » Pousser le pauvre à se redresser est donc un acte de vraie philanthropie. Le fait de le battre pour cela, dans le texte, n'est pas l'essentiel. Il ne faut pas s'y arrêter. Comme dit le proverbe : Lorsqu'on montre la lune du doigt, l'imbécile regarde le doigt.

L'humour noir est très souvent réactionnel à une doxa anesthésiante. C'est l'ombre toujours suivante des sociétés qui se veulent lumineuses et pacifiées. Pacifié, pas s'y fier... Cet apaisement de nourrit d'incantations bien-pensantes et renonce à toute réflexion vraie. On commence par se vouloir serein, et on finit par être serin.

Second exemple :

LE MAUVAIS VITRIER

Il y a des natures purement contemplatives et tout à fait impropres à l'action, qui cependant, sous une impulsion mystérieuse et inconnue, agissent quelquefois avec une

rapidité dont elles se seraient crues elles-mêmes incapables.
Tel qui, craignant de trouver chez son concierge une nouvelle chagrinante, rôde lâchement une heure devant sa porte sans oser rentrer, tel qui garde quinze jours une lettre sans la décacheter, ou ne se résigne qu'au bout de six mois à opérer une démarche nécessaire depuis un an, se sentent quelquefois brusquement précipités vers l'action par une force irrésistible, comme la flèche d'un arc. Le moraliste et le médecin, qui prétendent tout savoir, ne peuvent pas expliquer d'où vient si subitement une si folle énergie à ces âmes paresseuses et voluptueuses, et comment, incapables d'accomplir les choses les plus simples et les plus nécessaires, elles trouvent à une certaine minute un courage de luxe pour exécuter les actes les plus absurdes et souvent même les plus dangereux.
Un de mes amis, le plus inoffensif rêveur qui ait existé, a mis une fois le feu à une forêt pour voir, disait-il, si le feu prenait avec autant de facilité qu'on l'affirme généralement. Dix fois de suite, l'expérience manqua ; mais, à la onzième, elle réussit beaucoup trop bien.
Un autre allumera un cigare à côté d'un tonneau de poudre, pour voir, pour savoir, pour tenter la destinée, pour se contraindre lui-même à faire preuve d'énergie, pour faire le joueur, pour connaître les plaisirs de l'anxiété, pour rien, par caprice, par désœuvrement. C'est une espèce d'énergie qui jaillit de l'ennui et de la rêverie ; et ceux en qui elle se manifeste si opinément sont, en général, comme je l'ai dit, les plus indolents et les plus rêveurs des êtres.
Un autre, timide à ce point qu'il baisse les yeux même devant les regards des hommes, à ce point qu'il lui faut rassembler toute sa pauvre volonté pour entrer dans un café ou passer devant le bureau d'un théâtre, où les contrôleurs lui paraissent investis de la majesté de Minos, d'Éaque et de Rhadamanthe, sautera brusquement au cou d'un vieillard qui passe à côté de lui et l'embrassera avec enthousiasme devant la foule étonnée.
– Pourquoi ? Parce que... parce que cette physionomie

lui était irrésistiblement sympathique ? Peut-être ; mais il est plus légitime de supposer que lui-même il ne sait pas pourquoi.
J'ai été plus d'une fois victime de ces crises et de ces élans, qui nous autorisent à croire que des Démons malicieux se glissent en nous et nous font accomplir, à notre insu, leurs plus absurdes volontés.
Un matin je m'étais levé maussade, triste, fatigué d'oisiveté, et poussé, me semblait-il, à faire quelque chose de grand, une action d'éclat ; et j'ouvris la fenêtre, hélas !
(Observez, je vous prie, que l'esprit de mystification qui, chez quelques personnes, n'est pas le résultat d'un travail ou d'une combinaison, mais d'une inspiration fortuite, participe beaucoup, ne fût-ce que par l'ardeur du désir, de cette humeur, hystérique selon les médecins, satanique selon ceux qui pensent un peu mieux que les médecins, qui nous pousse sans résistance vers une foule d'actions dangereuses ou inconvenantes.)
La première personne que j'aperçus dans la rue, ce fut un vitrier dont le cri perçant, discordant, monta jusqu'à moi à travers la lourde et sale atmosphère parisienne. Il me serait d'ailleurs impossible de dire pourquoi je fus pris à l'égard de ce pauvre homme d'une haine aussi soudaine que despotique.
« – Hé ! hé ! » et je lui criai de monter. Cependant je réfléchissais, non sans quelque gaieté, que, la chambre étant au sixième étage et l'escalier fort étroit, l'homme devait éprouver quelque peine à opérer son ascension et accrocher en maint endroit les angles de sa fragile marchandise.
Enfin il parut : j'examinai curieusement toutes ses vitres, et je lui dis : « Comment ? Vous n'avez pas de verres de couleur ? Des verres roses, rouges, bleus, des vitres magiques, des vitres de paradis ? Impudent que vous êtes ! Vous osez vous promener dans des quartiers pauvres, et vous n'avez pas même de vitres qui fassent voir la vie en beau ! » Et je le poussai vivement vers l'escalier, où il trébucha en grognant.
Je m'approchai du balcon et je me saisis d'un petit pot

> de fleurs, et quand l'homme reparut au débouché de la porte, je laissai tomber perpendiculairement mon engin de guerre sur le rebord postérieur de ses crochets ; et le choc le renversant, il acheva de briser sous son dos toute sa pauvre fortune ambulatoire qui rendit le bruit éclatant d'un palais de cristal crevé par la foudre.
> Et, ivre de ma folie, je lui criai furieusement : « La vie en beau ! La vie en beau ! »
> Ces plaisanteries nerveuses ne sont pas sans péril, et on peut souvent les payer cher. Mais qu'importe l'éternité de la damnation à qui a trouvé dans une seconde l'infini de la jouissance ?[19]

Dans ce texte aussi il faut aller plus loin que l'anecdote proposée, qui en elle-même peut choquer : la persécution sadique d'un malheureux. Mais là n'est pas, comme toujours, l'essentiel.

L'ambition de l'homme civilisé est le self control, la maîtrise sur soi-même. On fait généralement l'impasse sur l'impulsion, l'action impromptue, sans prévision. Le résultat de cette contention systématique est la psychasthénie de l'homme occidental. Le savoir vivre empêche de vivre. J'ai déjà cité la plainte de Nietzsche : « Malheur à ceux, disait-il, qui font du monde un désert ! »

Après Baudelaire, Freud a montré que l'homme n'est plus le maître dans sa propre maison. Nous ne sommes pas seulement dans un salon mondain où nous contrôlons tout en nous-mêmes. Sous nos pas peuvent s'ouvrir des gouffres. Le masque (*persona*) que nous portons sur notre figure et qui fait notre personnalité peut se fissurer à l'improviste. Des petits démons malicieux s'y amusent, ils avaient nom autrefois lutins, farfadets, korrigans, gremlins, aujourd'hui encore le *duende* espagnol. Leur fonction est de provoquer des bugs dans le programme social, Freud les a évoqués dans sa *Psychopathologie de la vie quotidienne* : ce sont les lapsus, les actes manqués, etc. Ils détrônent le moi civilisé, qui se croyait pourtant bien à l'abri dans sa forteresse.

Quand elle nomme à sa façon savante ces phénomènes, la médecine en édulcore l'approche. Une possession diabolique d'autrefois est appelée maintenant psychose, ou bien hystérie. Le langage scientifique, pense-t-on, fait moins peur. Mais cette nouvelle façon de dire ne change pas du tout la chose elle-même. « La plus grande ruse du Diable, disait Baudelaire, est de nous faire croire qu'il n'existe pas. » Il signifie la faillite, le détrônement de l'homme civilisé, l'homme du self control.

Notre civilisation unidimensionnelle a cru se débarrasser des anciens dieux. Comme dit Brassens : « Bacchus est alcoolique et le grand Pan est mort. » Mais ces derniers prennent bien vite leur revanche. Les Lumières du XVIIIe siècle et l'humanisme du XIXe n'ont pas empêché les catastrophes historiques du XXe. Mieux sans doute, par leur orgueil et leur triomphalisme elles les ont préparées. « À force de nier le Diable, a dit Jung, nous avons ouvert toutes grandes les portes de l'Enfer. »

*

Apprécions donc l'humour noir, voyons l'arrière-plan humain sur lequel il se dessine et s'exprime. Au moins fait-il réfléchir sur notre condition, et n'a pas l'inconsistance de ce soi-disant humour, léger et convivial, qui triomphe aujourd'hui. Je pense à cet esprit *fun* qui se répand partout, cet éthos de l'amusement qui caractérise notre époque. On se distrait de tout, on vit à la surface des choses et de soi-même. Rien n'affecte en profondeur. Voyez le fameux Lol ! (*Laughing out loud* : Mort de rire !), le rire idiot des internautes, manifesté à tout bout de champ et en toute occasion.

L'humour noir est dirigé, comme l'a bien vu André Breton dans l'anthologie qu'il lui a consacrée, contre « la sentimentalité sur fond de ciel bleu. » Ne confondons pas le vrai sentiment avec la sentimentalité, ou le sentimentalisme, pas plus que l'émotion vraie avec ses signes extérieurs, ce que fait par exemple le kitsch, qui prend la forme pour le fond. On peut en effet avoir les yeux humides, et le cœur sec. Et inversement, quand on est très ému, on peut avoir les yeux secs, et le cœur brisé. C'est qu'alors on est au-delà des larmes, dont on refuse par principe le secours, l'apaisement le *dénouement* d'un être chaviré. Voyez Rimbaud, dans *Une Saison en Enfer* : « On ne te tuera pas plus que si tu étais cadavre ».

En pensant à ce que j'ai dit au début de ce livre sur la différence entre le rire et le sourire, je peux dire ici qu'un sourire lucide, même un pauvre sourire, est préférable au rire béat de l'homme aveuglé – qui est celui de beaucoup de mes contemporains.

ÉPILOGUE

Pour ne pas faillir à mon choix de ne rien admettre qui ne puisse être contredit, où je vois une démarche essentielle de l'humour, je voudrais que cet épilogue soit lui même humoristique, c'est-à-dire prenant ses distances avec lui-même. Pour ce faire, la palinodie ici s'impose à moi.

J'ai prétendu au début de ce livre donner quelques définitions de l'humour. Eh bien, je donne ici la parole à un grand esprit s'il en fut, Paul Valéry :

> Le mot *humour* est intraduisible. S'il ne l'était pas, les Français ne l'emploieraient pas. Mais ils l'emploient précisément à cause de l'indéterminé qu'ils y mettent, et qui en fait un mot très convenable à la dispute des goûts et des couleurs. Chaque proposition qui le contient en modifie le sens ; tellement que ce sens lui-même n'est rigoureusement que l'ensemble statistique de toutes les phrases qui le contiennent, et qui viendront à le contenir.[20]

Autrement dit, l'humour est une notion par nature polyvalente et indéterminée. Il est à l'image de ces auberges espagnoles où chacun ne trouve que ce qu'il apporte. Ou bien c'est un miroir qui ne fait que réfléchir l'image de celui qui le contemple. Dans ces conditions, l'entreprise que j'ai engagée dans le présent livre ne dirait rien de l'humour lui-même, notion qui resterait bien vague et bien floue, et finalement je n'aurais fait ici que parler de moi.

ÉPILOGUE

Pourtant, même si je suis assez déçu de n'avoir peut-être pas pu cerner la notion plus objectivement, je ne suis tout de même pas mécontent que ce livre soit un peu mon propre portrait. Je l'ai écrit pour trouver un chemin de vie, ou quelque chose qui en approche. Je ne sais s'il sera partagé par le lecteur. En tout cas, pensant à l'enfant sérieux et méditatif que j'ai été, je le remercie de m'avoir poussé à quitter les grandes routes, les chemins balisés, les itinéraires de grandes randonnées (G.R.), pour faire du hors-sentier. Son refus du monde tel qu'il est l'a mené à y réfléchir en s'en éloignant, le long de chemins buissonniers qui accueillaient ses promenades solitaires. Et j'ai suivi son exemple ensuite à ma façon, en refusant catéchismes et idéologies, embrigadements, et en écrivant moi-même des livres *buissonniers*.[21]

Ce faisant, il se trouve que j'ai croisé la voie de l'humour. Je n'y pensais pas en me mettant en route, mais il me semble que depuis toujours ce chemin m'attendait. L'enfant, qui maintenant lui aussi m'attend, ne pensait pas non plus sans doute à l'humour. Mais puissions-nous maintenant cheminer ensemble, lui et moi, accompagnés de son sourire !

TABLE

Avertissement 3

Les Moments parfaits 5

Les Chutes d'Icare 13

La TSF de la vie 17

Rires 21

Le Masque arraché 33

La Voie du non-savoir 37

La Fin du sérieux 43

Paradoxes 49

Les Mythes revisités 53

Décalages et pas de côté 61

Ambiguïtés 67

L'humour noir 77

Épilogue 87

Table 89

Notes 91

NOTES

[1] Éd. BoD, 2022.
[2] Lukacs, *La Théorie du Roman.*
[3] *Le Sentiment du tragique dans le roman naturaliste français (1857-1895) – Contribution à une anthropologie historique.* Université Paul-Valéry de Montpellier, 1982.
[4] Ce sont les deux premières qui sont les vraies maximes.
[5] Évangile selon Jean, 18/37-38.
[6] Évangile selon Marc 9/24.
[7] Alfred Jarry, *La passion considérée comme course de côte.*
[8] Michel Théron, *Le Kitsch – Une énigme esthétique*, BoD, 2021.
[9] Francis Ponge, *Le parti pris des choses.*
[10] Montesquieu, « De l'esclavage des nègres », dans *L'Esprit des lois*, 1748 – Livre XV, chapitre V.
[11] Bernardin de Saint-Pierre, *Harmonies de la nature* – cité dans Lanson, *Histoire de la Littérature française* (éd.1920).
[12] La Fontaine, « Le Gland et la Citrouille » (*Fables*)
[13] Swift, *Opuscules humoristiques.*
[14] Aphorisme de Lichtenberg.
[15] *La Stylistique expliquée – La Littérature et ses enjeux*, BoD, 2017.
[16] André Breton, *Anthologie de l'humour noir*, préface.
[17] Michel Théron, *Histoires vraies*, BoD., 2023.
[18] Baudelaire, *Petits poèmes en prose*, XLIX.
[19] Baudelaire, *Petits poèmes en prose*, IX.
[20] Paul Valéry, cité par André Breton dans la préface de son *Anthologie de l'humour noir.*
[21] Par exemple : *Théologie buissonnière*, 2 vol., BoD, 2021.

**DU MÊME AUTEUR
CHEZ LE MÊME ÉDITEUR (WWW.BOD.FR)**

La Source intérieure (2018)

La source ne se trouve pas ailleurs mais en nous. Le pèlerin de l'intériorité vit la religion comme lecture de soi et recueillement en soi, et non comme asservissement ou sujétion à une communauté ou à des autorités. Il chemine, cherchant inlassablement à travers les mots la parole, source de vie ou vie à sa source...

Ce livre m'a charmé et enrichi, il a stimulé ma réflexion et ma méditation. Le souci de la beauté l'anime autant que celui de la vérité. Je suis sensible à son étonnant mélange de sérieux et d'humour, de profondeur et de jeu, de bienveillance et de polémique. Je lui en ai une très grande reconnaissance, une reconnaissance que, je le pense et l'espère, éprouveront tous les lecteurs de ces pages d'une qualité exceptionnelle.

André Gounelle